GAME CULTURA

Dados Internacionais de Catalogação na Publicação (CIP)
(Câmara Brasileira do Livro, SP, Brasil)

Mello, Felipe Corrêa.
 Game cultura : comunicação, entretenimento e educação / Felipe Corrêa Mello, Vicente Martin Mastrocola. -- São Paulo : Cengage Learning, 2016.

 Bibliografia.
 ISBN 978-85-221-2550-0

 1. Comunicação 2. Educação 3. Jogos por computador - Desenvolvimento 4. Jogos por computador - Design 5. Jogos educativos 6. Mercado de entretenimento I. Mastrocola, Vicente Martin. II. Título.

16-01587   CDD-794.8

Índice para catálogo sistemático:
1. Culutra do game : Comunicação, entretenimento e educação
794.8

Felipe Corrêa Mello

+

Vicente Martin Mastrocola

GAME CULTURA

COMUNICAÇÃO, ENTRETENIMENTO E EDUCAÇÃO

Austrália • Brasil • Japão • Coreia • México • Cingapura • Espanha • Reino Unido • Estados Unidos

Game cultura: comunicação, entretenimento e educação

Felipe Corrêa Mello e Vicente Martin Mastrocola

Gerente editorial: Noelma Brocanelli

Editora de desenvolvimento: Gisela Carnicelli

Supervisora de produção gráfica: Fabiana Alencar Albuquerque

Editora de aquisições: Guacira Simonelli

Especialista em direitos autorais: Jenis Oh

Assistente editorial: Joelma Andrade

Revisão: Fábio Gonçalves, Eduardo Kobayashi, Beatriz Simões e FZ Consultoria

Projeto gráfico: Megaart Design

Diagramação: PC Editorial Ltda.

Capa: BuonoDisegno

Imagem de capa: Icons made by TutsPlus from www.flaticon.com

© 2017 Cengage Learning Edições Ltda.

Todos os direitos reservados. Nenhuma parte deste livro poderá ser reproduzida, sejam quais forem os meios empregados, sem a permissão, por escrito, da Editora. Aos infratores aplicam-se as sanções previstas nos artigos 102, 104, 106 e 107 da Lei nº 9.610, de 19 de fevereiro de 1998.

Esta editora empenhou-se em contatar os responsáveis pelos direitos autorais de todas as imagens e de outros materiais utilizados neste livro. Se porventura for constatada a omissão involuntária na identificação de algum deles, dispomo-nos a efetuar, futuramente, os possíveis acertos.

A editora não se responsabiliza pelo funcionamento dos links contidos neste livro que possam estar suspensos.

Para informações sobre nossos produtos, entre em contato pelo telefone 0800 11 19 39

Para permissão de uso de material desta obra, envie seu pedido para
direitosautorais@cengage.com

© 2017 Cengage Learning. Todos os direitos reservados.

ISBN-13: 978-85-221-2550-0
ISBN-10: 85-221-2550-3

Cengage Learning
Condomínio E-Business Park
Rua Werner Siemens, 111 – Prédio 11 – Torre A – Conjunto 12
Lapa de Baixo – CEP 05069-900 – São Paulo – SP
Tel.: (11) 3665-9900 – Fax: (11) 3665-9901
SAC: 0800 11 19 39

Para suas soluções de curso e aprendizado, visite **www.cengage.com.br**

Impresso no Brasil.
Printed in Brazil.
1 2 3 4 5 6 7   20 19 18 17

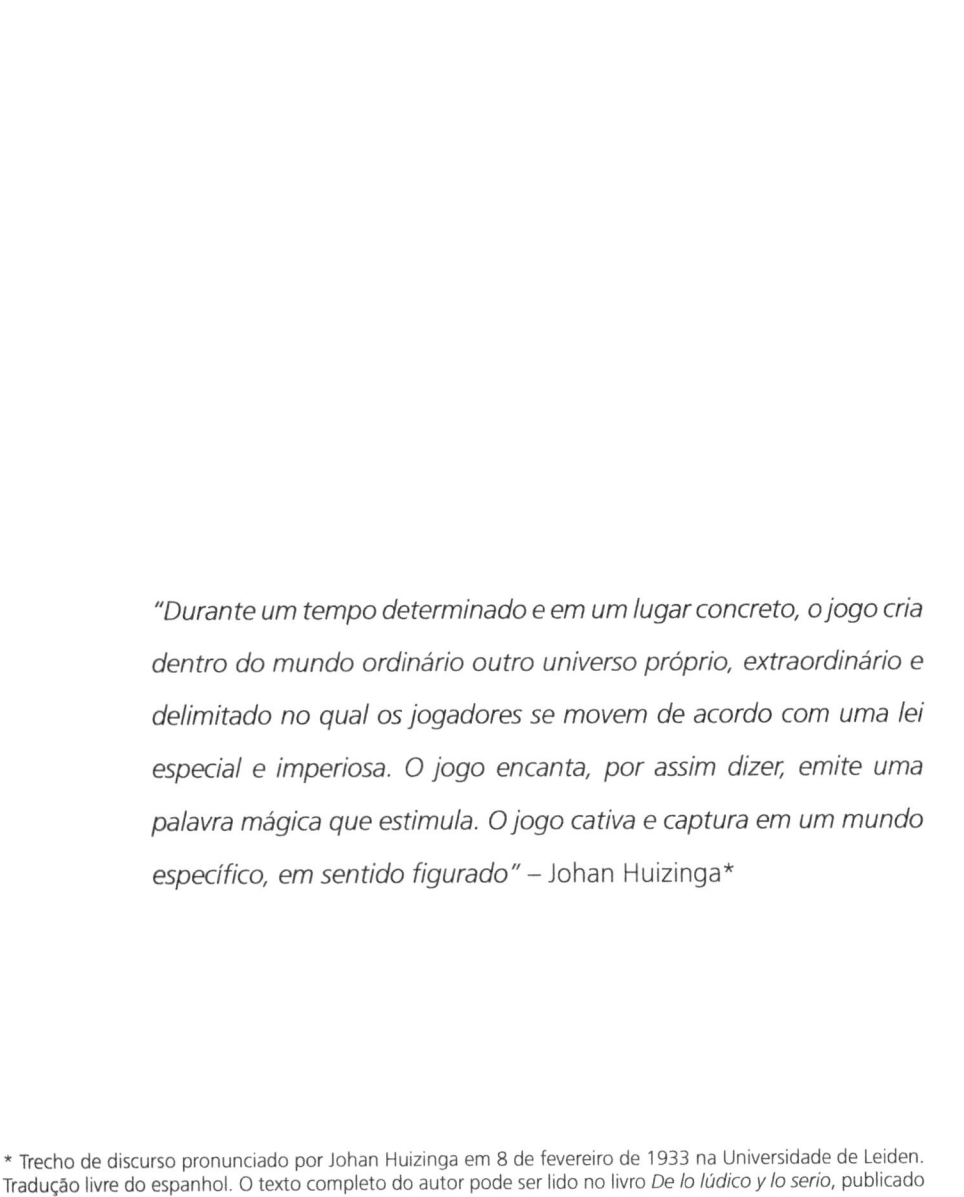

"Durante um tempo determinado e em um lugar concreto, o jogo cria dentro do mundo ordinário outro universo próprio, extraordinário e delimitado no qual os jogadores se movem de acordo com uma lei especial e imperiosa. O jogo encanta, por assim dizer, emite uma palavra mágica que estimula. O jogo cativa e captura em um mundo específico, em sentido figurado" – Johan Huizinga*

* Trecho de discurso pronunciado por Johan Huizinga em 8 de fevereiro de 1933 na Universidade de Leiden. Tradução livre do espanhol. O texto completo do autor pode ser lido no livro De lo lúdico y lo serio, publicado pela editora Casimiro Libros (Madrid, 2014).

SOBRE OS AUTORES

Prof. MSc. Felipe Corrêa Mello é publicitário graduado em comunicação social pela ESPM e em História pela USP. Mestre em Psicologia pela PUC–SP, foi coordenador dos cursos de marketing e de informática da Escola Técnica Estadual Carlos de Campos. Bolsista Capes, atualmente faz doutorado em Comunicação e Práticas de Consumo na ESPM, onde atua como pesquisador no grupo CNPq "Comunicação, educação e consumo: as interfaces na teleficção". Atua nas áreas de teoria da mídia, teoria da comunicação, comportamento do consumidor e comunicação e educação.

Prof. MSc. Vicente Martin Mastrocola (@vincevader) é publicitário, graduado e pós-graduado em comunicação e marketing pela ESPM, instituição através da qual também adquiriu o título de mestre e onde atualmente cursa o doutorado em Comunicação e Práticas de Consumo. Na unidade de São Paulo da ESPM, atua como supervisor da área de Criação e ministra aulas de mídia digital para a graduação em Comunicação Social. Também leciona a disciplina Gaming Concepts na Miami Ad School | ESPM.

Trabalha com projetos digitais e criação de games desde 1998 e já realizou trabalhos por meio de grandes agências de publicidade para marcas como: Google, Danone, Intel, Ford, Itaú, Vivo e muitas outras. No último ano, escreveu diversos artigos sobre game design para a mídia especializada, participou de congressos internacionais sobre o tema e publicou, pela Cengage Learning, o livro *Game design: modelos de negócio e processos criativos – um trajeto do protótipo ao jogo produzido*. Paralelamente à produção acadêmica, lançou card games, board games, advergames para internet e jogos para iPad/iPhone.

INTRODUÇÃO

Faz tempo que os games deixaram de ser coisas de criança para se tornarem elementos culturais e midiáticos extremamente representativos no cenário contemporâneo. Ao extrapolarem as fronteiras do entretenimento, os games começam a se enraizar em áreas diversas e improváveis. Não é incomum encontrarmos grandes empresas utilizando jogos (analógicos e digitais) em treinamentos de funcionários. É cada vez mais frequente o uso de jogos e elementos lúdicos na área da educação, como no caso da escola de Nova York chamada Quest to Learn, que estrutura todas as suas disciplinas baseadas em processos de game design. Campanhas publicitárias buscam envolver consumidores em experiências envolvendo marca e ludicidade numa prática que se convencionou chamar advergame; empresas como Coca-Cola, Mercedes e Burger King já se valeram dessa modalidade de jogos em ações de comunicação. Por fim, vale ressaltar que nunca se falou tanto sobre games nos veículos de comunicação. A quantidade de revistas, blog e canais de YouTube que versam sobre o tema é colossal.

Desse cenário no qual a cultura do game se torna protagonista de uma série de processos envolvendo comunicação, entretenimento e educação é que surge a inspiração para a produção deste livro. **GAME CULTURA** é um compêndio de reflexões que busca ponderar aspectos mais amplos do universo lúdico. Através do percurso de quatro capítulos, sempre ilustrados com exemplos consagrados, debateremos questões elementares sobre como a cultura do game está enraizada na contemporaneidade e amplia seu alcance para diferentes públicos, já que os games hoje podem ser considerados poderosas (multi)plataformas midiáticas.

No Capítulo 1, vamos abordar o engajamento dos jogadores no ambiente dos games, buscando entender a importância das recompensas simbólicas nesse contexto. No Capítulo 2, vamos investigar como um jogo pode ser uma plataforma para transmissão de conteúdo histórico e, como tal, funcionar como ferramenta de educação. No Capítulo 3, mergulhamos nas questões narrativas que um game carrega em sua estrutura, fazendo intersecções com literatura, cinema e folclore. Finalmente, temos no capítulo final uma possível abordagem metodológica para pensarmos estudos lúdicos no atual cenário da pesquisa de games. O posfácio do livro, que vem assinado por Gonzalo Frasca, que oferece as considerações finais para este tema tão envolvente.

Em cada capítulo, buscamos elencar um jogo que fosse norteador do assunto abordado. Com base nele, tratamos do tema principal dialogando com diferentes ideias, sempre embasadas em grandes autores do campo dos estudos de games, game design, comunicação, consumo, literatura, tecnologia e entretenimento.

O livro que você tem em mãos busca colaborar com o emergente mercado de games e com o campo dos estudos acadêmicos envolvendo jogos. O Brasil ainda tem muitas fases para percorrer nessa jornada, mas o longo caminho – a cada dia que passa – mostra-se mais promissor.

Obrigado por viajar conosco nestas páginas.

#GoGamers
Felipe Corrêa Mello (@felipscorrea)
Vicente Martin Mastrocola (@vincevader)

São Paulo, abril de 2016

SUMÁRIO

SOBRE OS AUTORES < vii

INTRODUÇÃO < ix

CAPÍTULO 1 < **JOGADORES ENGAJADOS E RECOMPENSAS SIMBÓLICAS** 1

    O jogo *The last of us* 5

    O troféu virtual como valor social 7

    REFERÊNCIAS BIBLIOGRÁFICAS 12

    REFERÊNCIAS DE GAMES 13

CAPÍTULO 2 < **QUESTÕES HISTÓRICAS, IMAGEM E REALIDADE EM NARRATIVAS LÚDICAS** 15

    Um breve olhar sobre o mercado mundial de games 16

    Valiant hearts: uma experiência lúdica através da Primeira Guerra Mundial 19

    O entrecruzamento do discurso histórico com o discurso ficcional em *Valiant hearts* 20

    História e ficção constituindo games 22

    História e memória a partir de imagens lúdicas 23

    REFERÊNCIAS BIBLIOGRÁFICAS 26

    REFERÊNCIAS DE GAMES 27

CAPÍTULO 3 < QUESTÕES DE NARRATIVA EM JOGOS DE VIDEOGAMES 29

Medo, terror e horror como componentes narrativos em *Until dawn* 30

Game ou filme interativo? Interpretando *Until dawn* como uma narrativa ergódica 34

Narrativas literárias e narrativas lúdicas: aproximações 37

As narrativas em games no âmbito da interface cultura/entretenimento 44

REFERÊNCIAS BIBLIOGRÁFICAS 46

REFERÊNCIAS DE GAMES 48

CAPÍTULO 4 < ABORDAGEM METODOLÓGICA QUALITATIVA E PROCESSO CRIATIVO DE GAMES 49

Húsz: criando a experiência de um board game 50

Rock flicz: criando a experiência de um mobile game 56

REFERÊNCIAS BIBLIOGRÁFICAS 62

REFERÊNCIAS DE GAMES 63

BONUS STAGE < COMO AS CIÊNCIAS SOCIAIS PODEM CONTRIBUIR PARA ANÁLISES APLICADAS AO MERCADO 65

A necessidade do diálogo entre a academia e o mercado 65

A aplicação dos referenciais teóricos na pesquisa de games 67

POSFÁCIO < 71

CAPÍTULO 1

JOGADORES ENGAJADOS E RECOMPENSAS SIMBÓLICAS[1]

Neste capítulo, buscamos discutir e correlacionar o trinômio comunicação-consumo-entretenimento no âmbito do universo dos games eletrônicos. No contexto das relações presentes nesse cenário, examinamos especificamente uma característica dos consoles PlayStation 3 e 4 da Sony: a PlayStation Network – uma experiência que conjuga entretenimento, rede social e recompensas simbólicas (manifestadas no formato de troféus virtuais).

Para dar corpo à nossa análise, utilizamos como objeto de estudo o jogo exclusivo de PlayStation 3 e 4, *The last of us* (Naughty Dog, 2013/2014). Em nosso trajeto, visamos iluminar as relações que esse game procura estabelecer com os jogadores, premiando-os com troféus virtuais. Entendemos que entre a comunidade de jogadores que está vivendo a experiência do game forma-se um espaço de interações sociais onde há construção de reputação mediante melhores desempenhos em *rankings*, aquisição de troféus e finalização completa do jogo.

Em primeiro lugar, há uma contextualização importante que devemos fazer acerca do mercado de entretenimento e do papel que os jogos e o universo lúdico desempenham na sociedade contemporânea. Conforme nos mostram Singhal e Rogers (2002, p.19) "nunca na história se viu tamanha quantidade de entrete-

---

1 Este capítulo aprofunda e desenvolve algumas reflexões originalmente apresentadas pelos autores no artigo "Comunicação, consumo e entretenimento: engajando jogadores de videogame através de recompensas simbólicas", publicado na *Revista Mediação da Universidade Fumec*, v. 16, 2014.

nimento tão acessível para tantas pessoas desfrutarem em suas horas de lazer". A contemporaneidade, nesse sentido, parece ser palco cada vez mais amplo de ações ligadas ao âmbito do entretenimento. Nesse cenário, diversas empresas entenderam que a ludicidade é essencial na materialização de determinadas estratégias de comunicação e consumo. As empresas de videogames e as produtoras de jogos para essas plataformas, por exemplo, aperfeiçoam as experiências lúdicas para seus usuários a cada nova geração de produtos lançada no mercado.

Nesse contexto, vários autores como Huizinga (2001), Caillois (1986) e Juul (2005) contribuíram historicamente de maneira extremamente representativa no campo dos estudos dos jogos, entretenimento e ludicidade. A partir desses autores, podemos trazer contribuições privilegiadas para entendermos o universo dos jogos, jogadores e recompensas simbólicas que colocamos em pauta neste capítulo.

Huizinga, no livro *Homo ludens* (2001), discute algumas características essenciais do universo jogos. O autor em questão postula:

1. Um determinado indivíduo não deve ser obrigado a experienciar um jogo; parte-se do pressuposto que esta deve ser uma atividade livre (p. 3). Ou seja, a fruição adequada de um jogo se estabelece – entre outros motivos – na participação voluntária dos envolvidos na atividade lúdica.
2. Um jogo deve ser um parênteses em nossa vida corriqueira (p. 13). No universo lúdico nos transformamos e assumimos outras personas, encarnamos papéis que fogem da realidade do dia a dia (p. 15). O ambiente do jogo é formado de fantasia, de sonhos, de recompensas simbólicas e catarse; no universo do jogo – quando assumimos o papel de jogadores (*players*) – nos transformamos em caçadores de dragões, soldados, monstros ou sobreviventes em um futuro apocalíptico (como no caso do jogo *The last of us*).
3. Um jogo precisa de regras e limites, é essencial que os jogadores entendam quando começa e quando acaba a experiência de jogar (p. 12). Essa ideia nos apresenta a importância de delimitar o "universo" em que a ação do jogo acontece, seja porque estamos falando de uma tela de videogame ou um tabuleiro do jogo Monopoly. Tal espaço lúdico pressupõe regras claras, recompensas e condições de vitória que serão fundamentais para que a experiência de jogar seja proveitosa ao máximo.

4 Um jogo, possivelmente, cria tensão e incerteza; quando os *players* estão imersos e envolvidos em uma partida de um jogo podem experimentar respostas do corpo como pupilas dilatadas, mãos trêmulas e coração acelerado (p. 14). Um prêmio, um troféu ou uma certa recompensa podem ser fatores que ampliam os elementos de tensão presentes em uma partida.

5 Em sua essência, um jogo possui dois fatores cruciais que é preciso ter em mente: uma luta por algo ou a representação de algo (p. 16). É neste quinto tópico que entendemos como um game pode ganhar sentido e importância para aqueles que estão jogando o mesmo. Um *player* experimentando o mundo de *Last of Us* luta para vencer os inimigos e cumprir sua missão; o que está representado nos gráficos do jogo ganham sentido para quem está sentado defronte a tela.

No jogo *The last of us* temos um jogador que assume o papel de um sobrevivente lutando para proteger uma criança em um mundo pós-apocalíptico. Nesse cenário, há missões a cumprir e, nesse caso, há uma função significante que transforma a experiência de jogar em algo imersivo e relevante ao *player*. O jogo ainda premia os jogadores com troféus virtuais que servem para intensificar a experiência de recompensa no ambiente lúdico proposto pela narrativa.

O olhar de Huizinga (2001) sobre o universo dos jogos e da ludicidade nos permite esboçar um cenário amplo para o estudo de plataformas de games da atualidade e nos auxilia na difícil tarefa de compreender relações de comunicação no espaço de interação dos jogadores. Para observarmos com mais cuidado esse ponto, trazemos para nossa discussão outro autor basilar para os estudos de jogos e entretenimento: o historiador francês Roger Caillois e sua obra *Os jogos e os homens*[2] (1986).

O raciocínio de Caillois faz um contraponto interessante com os princípios de Huizinga (2001) abordados na obra *Homo ludens* e nos ajuda a estruturar o raciocínio de envolvimento dos jogadores com o universo lúdico. Caillois (1986, p. 27-

---

2 No original em francês, *Les jeux et les homes*. O livro foi lançado originalmente em 1958 e, como a obra *Homo ludens*, continua sendo um aporte teórico essencial para os estudos do campo da ludicidade.

28) aponta que Huizinga descuida deliberadamente da descrição e classificação dos próprios jogos, assumindo que todos os jogos responderam às mesmas necessidades e manifestaram indiferentemente a mesma atitude psicológica. No olhar de Caillois, a obra de Huizinga não é um estudo dos jogos, e sim uma "investigação sobre a fecundidade do espírito do jogo no terreno da cultura".

Vale frisar que não há, em momento algum, o desmerecimento da obra de Huizinga por parte do intelectual francês. Apenas se trata de outro viés de observação para o assunto. Do ponto de vista de Caillois (1986, p. 37-38), é possível definir jogo como uma atividade livre (da qual um jogador não pode ser obrigado a participar), delimitada por regras (espaço, tempo, limites etc.), incerta e fictícia (das quais a narrativa e o fantástico fazem parte como elemento de imersão).

Novamente, percebemos que os jogos possuem caráter imersivo e função significante para o jogador.

Huizinga (2001) e Caillois (1986) estruturam suas ideias em uma era "pré-videogame", portanto acreditamos que é necessário atualizar algumas dessas noções daquele contexto. Para tanto, apresentamos a definição de jogo de um ponto de vista mais recente: o do pesquisador Juul (2005). Segundo o autor,

> um jogo é: 1) um sistema formal baseado em regras; 2) com resultados variáveis e quantificáveis; 3) onde diferentes resultados são atribuídos a diferentes valores, 4) onde um jogador exerce esforço, a fim de influenciar um resultado; 5) no qual o jogador se sente emocionalmente ligado ao resultado; 6) e as consequências da atividade são opcionais e negociáveis. (p. 6-7)

Juul atualiza algumas das ideias de Huizinga e Caillois em sua definição e traz para a superfície o fato de que o jogador se sente emocionalmente ligado ao jogo e que a narrativa e desafios geram algum tipo de significado para ele.

Por meio das ideias desses três autores, temos um terreno bastante sólido para compreendermos as bases e ideias elementares do universo lúdico. No próximo tópico, apresentamos de forma mais detalhada o jogo *The last of us* para, em seguida, discutirmos a dinâmica de recompensas simbólicas oferecidas pelo jogo.

O jogo *The last of us*

The last of us é um game criado pelo estúdio norte-americano Naughty Dog e lançado exclusivamente para a plataforma de videogame PlayStation 3, em 2013. No ano de 2014, o jogo ganhou uma versão remasterizada para PlayStation 4, que possui gráficos com melhor definição e alguns conteúdos extras, mas – em essência – é o mesmo jogo; para os propósitos desse texto trabalharemos apenas com a primeira versão do game.

The last of us é uma narrativa sobre um mundo pós-apocalíptico dominado por humanos infectados com um fungo que os transforma em criaturas selvagens. O jogador faz o papel de Joel, um sobrevivente que recebe a missão de transportar a garota Ellie para um grupo de resistência chamado Fireflies. Supostamente, a garota é a chave para a cura do mal que assola o planeta. Nesse cenário, além das criaturas mutantes, o jogador terá de enfrentar outros sobreviventes, forças militares, perigos naturais etc.

O jogo é uma experiência em terceira pessoa, em que o jogador vê o personagem voltado de costas e o comanda pelos caminhos propostos na narrativa.[3]

A experiência do jogo é complementada com mecânicas de combate, mover-se em silêncio pelo cenário e resolver enigmas. Além da história principal, é possível conectar-se em rede para jogar no modo *multiplayer* com outros jogadores do mundo que fazem parte da PlayStation Network. Ressalte-se que, ao se conectar na rede do videogame da marca PlayStation, é possível ver os *status* de desempenho de outros usuários no jogo *The last of us*.

Apesar de o maior atrativo ser a narrativa principal, em que se joga sozinho, a experiência *multiplayer* oferece um complemento interessante para o universo dos jogadores do game.

A produtora responsável pela criação do jogo parece estruturar o produto de maneira estratégica para permitir essas diferentes experiências ou distintos olhares sobre um mesmo produto. Ao criar um ambiente de multijogadores, ela está ampliando o escopo e a mensagem do game.

---

3 Para visualizar a interface do jogo, trailers e gameplay, acesse o site oficial da produtora Naughty Dog: <http://www.thelastofus.playstation.com/media.html#screenshots>.

Além disso, outro ponto de destaque nesta discussão é o fato de o jogo *The last of us* premiar seus usuários com troféus virtuais mediante a realização de determinadas missões, no decorrer da narrativa. Isso parece estimular uma competição entre aqueles que estão mais imersos no universo do jogo.

Os troféus do game são ganhos completando objetivos. Há uma lista de todos os troféus disponíveis no próprio jogo e vários sites na internet que apresentam esse conteúdo,[4] inclusive com vídeos e dicas sobre como conquistar aqueles que oferecem maior desafio. A comunidade envolvida no processo de experiência do jogo produz diferentes tipos de conteúdo com tutoriais e dicas sobre como obter êxito no decorrer da aventura de *The last of us*.

Ao completar os desafios, o jogador recebe uma mensagem na tela apontando se ele conquistou um troféu de bronze, prata, ouro ou platina, juntamente com um ícone especial.

Quanto maior o desafio, maior o valor do troféu. Por exemplo, ao criar modificações em todas as armas da aventura, o *player* recebe o troféu de bronze "Let's Gear Up" e, se completa o jogo na dificuldade "sobrevivente", ganha o troféu de ouro "No Matter What".

Sempre que o jogador resolve alguma missão proposta pelo game recebe a mensagem "Você conquistou um troféu". Um exemplo de *The last of us* é o troféu de bronze intitulado *"Endure and Survive"* que o player recebe ao localizar determinado número de revistas em quadrinhos escondidas pelo cenário do jogo, nos diversos ambientes que vão sendo apresentados.

Vale frisar que a maioria dos jogos das plataformas PlayStation 3 e 4 trabalha com troféus virtuais como premiação para seus jogadores. Ao conquistarem mais troféus, os usuários vão subindo de nível em um *ranking* que congrega outros jogadores. É possível até mesmo verificar os dados de outros *players* no ambiente da rede do videogame PlayStation.

---

4   O site PS3 Trophies lista os troféus e apresenta dicas do jogo (cf. PS3 TROPHIES. Disponível em: <http://www.ps3trophies.org/game/the-last-of-us/trophies/>. Acesso em: jan. 2016. A Wiki do game *Last of us* também apresenta esse conteúdo de maneira mais detalhada (cf. WIKI. Disponível em <http://thelastofus.wikia.com/wiki/Trophies>. Acesso em: jan. 2016.

Para tratarmos desse atributo, passamos para nosso próximo tópico, no qual discutimos a construção de capital simbólico e o valor simbólico ligado aos troféus virtuais usados como premiação no game *The last of us*. Com essa discussão, pretendemos lançar luz à dimensão social do jogo por meio de apontamentos sobre trocas simbólicas em espaços sociais delimitados.

O troféu virtual como valor social

A relação entre jogo e jogador constitui um espaço social que possui cinco planos distintos (NITSCHE, 2008, p.15-16):

1. Plano de regras: definido pela parte matemática de um jogo. No plano de regras, encontra-se a física do universo do game, os sons artificiais, a arquitetura do cenário e a inteligência artificial que controla os inimigos do jogo. No caso de *The last of us*, é possível perceber – dado o complexo ambiente do jogo – que a produtora utiliza ao extremo os recursos do console PlayStation para gerar a experiência imersiva com esses atributos mencionados. Vale frisar que os jogadores não precisam entender a lógica por trás do complexo código matemático de regras de um game, mas, sim, fruir a experiência gerada por esse código na interface gráfica.

2. Plano mediado: definido pelo espaço da imagem. O espaço mediado, segundo Nitsche (2008), é a tela onde o jogo acontece e o *player* obtém a experiência visual do game. Lembrando que jogos complexos como *The last of us* possuem animações cinematográficas em sua interface e, durante vários momentos da narrativa, o *player* é convidado a parar de jogar e passar a assistir a determinadas cenas do game para entender detalhes da sua história.

3. Plano ficcional: definido pela imaginação dos jogadores. Como mencionamos no item anterior, muitos dos games atuais exploram suas narrativas de maneira cinematográfica. Desde o roteiro até o gráfico que é exibido na tela, determinadas produtoras de jogos se preocupam em trabalhar a ficção na mente do jogador, pois ela é fator determinante para que este fique imerso na realidade proposta pela narrativa. É no espaço ficcional que percebemos muitos elementos sugeridos por Huizinga (2001), os quais mencionamos no início do texto, e também em que a fantasia pode ser aceita pelos jogadores.

É no plano ficcional que *The last of us* constrói a lógica de um mundo pós-apocalíptico dominado por humanos infectados por um fungo que os transforma em criaturas selvagens; a fantasia do universo do jogo é construída a cada fase da aventura proposta ao *player*.

4 Plano do jogar: definido pela interação entre o jogador e o console. Aqui encontramos o plano que gera comandos e respostas que se materializam na tela do jogo. No plano de jogo, o *player* aperta botões do *joystick* e envia essas ações para o *hardware* do console, que as materializa em ações na interface. Em determinados momentos de combate do game, por exemplo, o jogador deve apertar determinadas sequências de botões no controle que vão materializar comandos e refletirão determinados erros e acertos na narrativa proposta.

5 Plano social: definido pela interação com outros jogadores. *The last of us* possui um modo *multiplayer* de jogo que permite que diferentes usuários estejam conectados se enfrentando em batalhas on-line de lugares distintos do mundo. Há determinados jogos que permitem que dois jogadores, utilizando dois controles distintos, dividam o ambiente do jogo de maneira colaborativa ou competitiva. No caso da rede PlayStation Network, o espaço social acontece na intrincada luta pelos troféus virtuais e competição por níveis melhores no *ranking* da rede pelos jogadores envolvidos no processo.

Partindo dessas considerações, trazemos à discussão a Figura 1.1 que, de certa maneira, sintetiza a ideia de cinco planos proposta por Nitsche (2008).

Para compreendermos a lógica de trocas simbólicas mediadas pela conquista dos troféus na PlayStation Network, é fundamental que conheçamos o contexto social em que se dá a interação entre os jogadores. Nesse ponto, é importante trazermos algumas das reflexões do sociólogo francês Pierre Bourdieu (2010), que concebe as dinâmicas sociais como um jogo.

Para o autor, as relações sociais se dão em um espaço estruturado de posições no qual as pessoas estão em concorrência por troféus específicos, seguindo regras igualmente determinadas. Essa aproximação entre espaço social e jogo tem como um de seus principais objetivos mostrar que na vida social, assim como no jogo, as pessoas estão engajadas em usar diferentes estratégias que sirvam para conservar ou melhorar sua posição social. Em última instância, a metáfora do jogo

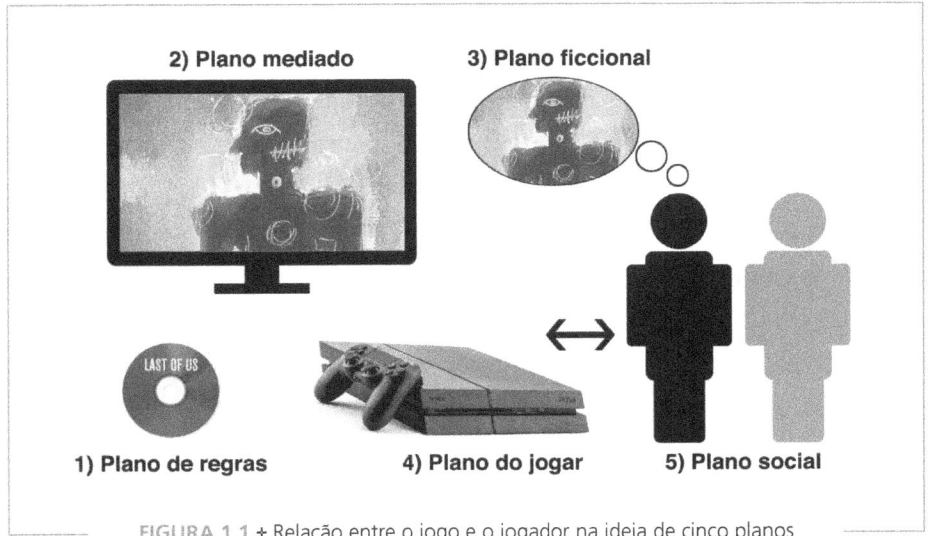

FIGURA 1.1 + Relação entre o jogo e o jogador na ideia de cinco planos de Michael Nitsche

Com base nas ideias de Nitsche (2008, p. 15). Imagem do videogame PlayStation 4: Narith Thongphasuk/Shutterstock.

aplicada às relações sociais ilumina os fato de que a vida social é determinada pela concorrência e de que um dos móveis basilares da conduta humana é a busca da reputação – que denominanos aqui como **capital simbólico**.

A esse respeito, é interessante notar a aproximação estabelecida entre o pensamento de Bourdieu e as concepções sobre o universo lúdico trabalhadas por Huizinga (2001):

> Em seu famoso livro, *Homo Ludens*, Huizinga observa que, a partir de uma etimologia falsa, "illusio", palavra latina que vem da raiz *ludus* (jogo), poderia significar estar no jogo, estar envolvido no jogo, levar o jogo a sério. A illusio é estar preso ao jogo, preso pelo jogo, acreditar que o jogo vale a pena ou, para dizê-lo de maneira mais simples, que vale a pena jogar. (BOURDIEU, 2010, p. 139)

Ludus (jogo) dá origem ao termo *illusio*. No entanto, *illusio* não é tomado, como se poderia pensar, como sinônimo de ilusão: erro cognitivo que toma a realidade por algo que ela não é. Muito pelo contrário. É um termo usado para indicar a comunhão real que é estabelecida entre o jogador e o jogo: *illusio* mostra quão preso está o jogador ao jogo. Nesse sentido, o termo está intimamente relacionado às noções de **interesse**, de **libido** e de **investimento** (BOURDIEU, 2010).

Além da relação lúdica com o jogo propriamente dito, há, por parte dos jogadores na PlayStation Network, uma relação de **interesse** (de *illusio*) em participar do jogo social pela disputa de troféus simbólicos; logo, pela conquista de reputação perante os outros jogadores da rede. Esse interesse no jogo social é essencialmente **libidinal**, uma vez que envolve uma grande carga emocional e pulsional: em grande parte dos jogadores há o desejo fervoroso de vencer os obstáculos do jogo e neste processo se destacar através da posse dos troféus virtuais. Por sua vez, esse interesse libidinal só é possível na medida em que o jogador acredita que as recompensas simbólicas em disputa são valiosas e por elas vale a pena todo e qualquer **investimento** físico e emocional.

Essa relação entre interesse, libido e investimento, se dá a partir de uma intrincada articulação entre a dimensão psicobiológica e a dimensão social dos jogadores. Do ponto de vista psicobiológico, o envolvimento com o jogo e a disputa com os outros jogadores desencadeia uma série de mecanismos neurológicos e fisiológicos que produzem sensações de bem-estar e de prazer. No entanto, baseados nas reflexões de Freud (2006), podemos afirmar que o fato de um jogador ter prazer jogando um jogo está diretamente relacionado a história de sua vida e de sua trajetória social, sendo seus gostos, preferências, desejos, medos, anseios e repulsas frutos de sua socialização.

Afinal, nos mostra Freud (2006), o mundo social opera no sentido de constituir a libido biológica indiferenciada em libido social específica. E tanto quanto existem espaços sociais diferenciados haverá libidos, interesses, investimentos diferenciados. No caso do jogador, é a libido direcionada para a vitória e a distinção social no ambiente da PlayStation Network.

Esse ponto explica o desconforto/desentendimento que uma pessoa de fora do ecossistema comunicacional de trocas simbólicas e materiais da PlayStation Network pode vir a experimentar. Essa, por não ter sido socializada no ambiente dos jogos de videogame em geral e na rede, em particular, não é tomada pelo jogo da mesma forma que os jogadores habituais. Vê, enfim, a disputa por troféus como algo fútil, ridículo. A título de exemplo, um executivo bem-sucedido socializado em outro universo social possui estruturas mentais de percepção, valoração e categorização do mundo que tendem a impedir que reconheça o valor dos troféus disputados. Para ele, o jogo social a ser jogado é outro – e envolve a conquista do corpo belo e bem-feito, uma destacada posição profissional, bom carro, roupas de grife etc.

Assim, a noção de interesse opõe-se à noção de desinteresse, bem como à de indiferença: "o indiferente não vê o que está em jogo [...] é alguém que não tendo os princípios de visão e divisão necessários para estabelecer as diferenças, acha tudo igual" (BOURDIEU, 2010, p. 140).

Daí decorre uma questão interessante acerca da PlayStation Network: os jogadores, ao mesmo tempo que são concorrentes em busca de troféus e de reputação, são cúmplices ao compartilharem os mesmos objetivos e interesses, delimitando, assim, o espaço social do jogo. Quer dizer, ao participarem do jogo social, os jogadores competem, mas também contribuem para estabelecer a crença de que o jogo vale a pena ser jogado.

Como podemos observar na Figura 1.2, desenha-se na PlayStation Network um espaço complexo constituído por uma relação colaborativa em rede, ao mes-

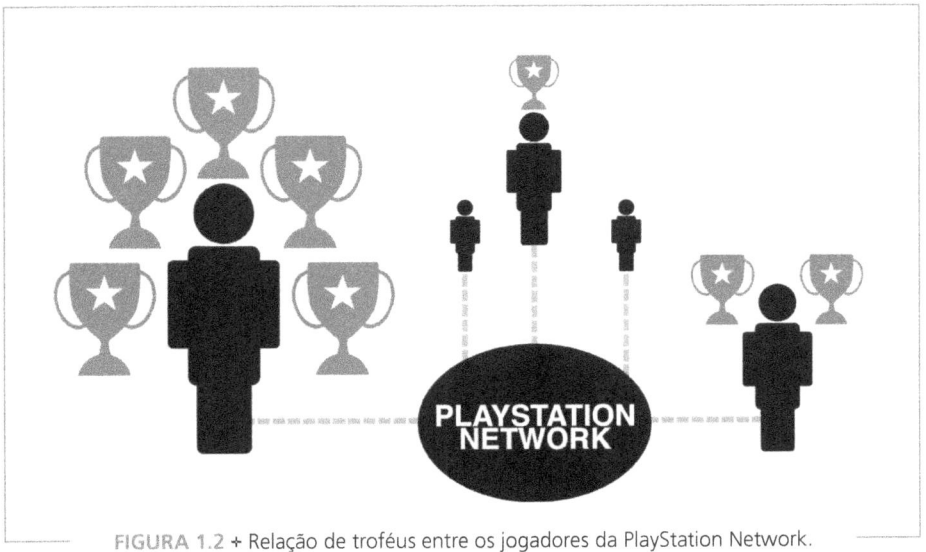

FIGURA 1.2 ✦ Relação de troféus entre os jogadores da PlayStation Network.
Figura elaborada pelos autores.

mo tempo que por uma relação hierárquica entre distintos (os que possuem mais troféus) e vulgares (aqueles com poucos troféus ou com nenhum).

A despeito de o jogo social presente na PlayStation Network emergir por meio da cumplicidade dos jogadores, estes não dispõem, como na maioria dos jogos, de autonomia e de recursos para instituir as regras e os troféus do jogo. Estes (regras e troféus) são instituídos pela produtora do jogo, não sendo possível que os jogadores alterem a lógica de funcionamento do game.

Esse fenômeno não tende a diminuir o interesse dos jogadores pelas disputas no âmbito da PlayStation Network. Como viemos mostrando neste capítulo, a disputa social pelo reconhecimento é uma característica essencial do comportamento humano. O fato de haver uma espécie de *frame*, delimitado pelos produtores do jogo, no qual se dá a disputa, não parece implicar um impeditivo na busca pelos troféus virtuais. Pelo contrário. A definição de diferentes tipos de troféus, a visualização dos troféus obtidos pelos jogadores, o estabelecimento de *rankings*, permitem uma clara distinção entre os vencedores e os outros jogadores, suscitando, assim, o interesse pela competição.

Assim, no complexo ambiente em que emergem as disputas simbólicas pelos troféus virtuais, há um espaço que permite a utilização de estratégias de socialização por parte de produtoras e outras empresas da pujante indústria do entretenimento – justificando uma ampliação de estudos e pesquisas que abordem o enfoque sociológico articulado com o universo dos games.

Partindo dessa reflexão sobre sociabilidade em rede, no capítulo seguinte abordaremos outros aspecto do universo lúdico: como um game pode se tornar um vetor para transmissão de conhecimento histórico com fins educativos. A ideia discutida neste capítulo, de que o videogame pode ser considerado uma plataforma midiática é base para o próximo assunto.

REFERÊNCIAS BIBLIOGRÁFICAS

BOURDIEU, P. *Razões práticas*: sobre a teoria da ação. Campinas: Papirus, 2010.
_____. *Meditações pascalianas*. Rio de Janeiro: Bertrand Brasil, 2007.

BOURDIEU, P; CHARTIER, R. *O sociólogo e o historiador*. Belo Horizonte: Autêntica, 2011.

CAILLOIS, R. *Los juegos y los hombres*: la máscara y el vértigo. Cidade do México: Fondo de Cultura Económica, 1986.

FREUD, S. *O mal-estar na civilização*. Rio de Janeiro: Imago, 2006. (Edição Standard Brasileira das Obras Psicológicas Completas de Sigmund Freud, 21.)

HUIZINGA, J. *Homo ludens*. São Paulo: Perspectiva, 2001.

JUUL, J. *Half-Real*: video games between real rules and fictional worlds. Massachusetts: MIT Press, 2005.

NITSCHE, M. *Video game spaces*: image, play and structure in 3D worlds. Massachusetts: MIT Press, 2008.

SINGHAL, A.; ROGERS, E. M. A theoretical agenda for entertainment-education. *Communication Theory*, California, v. 12, n. 2, p. 117-191, 2002.

REFERÊNCIAS DE GAMES

The last of us. Naughty Dog. PlayStation 3, 2013.
The last of us. Naughty Dog. PlayStation 4, 2014.

CAPÍTULO 2

QUESTÕES HISTÓRICAS, IMAGEM E REALIDADE EM NARRATIVAS LÚDICAS

No capítulo anterior, buscamos discutir alguns aspectos da sociabilidade dos games e o papel fundamental que tais aspectos afetam os jogadores. A partir da observação cuidadosa da PlayStation Network, pudemos notar que videogames podem ser plataformas midiáticas e complexos transmissores de mensagens. Desse último ponto, iniciamos a jornada do nosso segundo capítulo, no qual nos debruçamos sobre o jogo *Valiant hearts*, desenvolvido pela produtora canadense Ubisoft.

O jogo em questão ambienta sua narrativa durante a Primeira Guerra Mundial, iniciada em 1914 com o assassinato do Arquiduque Franz Ferdinand e a declaração de guerra da Alemanha contra a Rússia. Neste capítulo, guiados pela discussão prévia, entendemos que os games são formas legítimas de mídia, de expressão humana e de importância cultural. As maneiras como os games refletem e refratam as normas e crenças das culturas ao seu redor são essenciais para entender os games em si e os *insights* que eles adicionam à experiência humana (FLANAGAN, 2009, p. 67).

Os games, hoje, formam uma indústria bilionária que possui distintas plataformas voltadas para diferentes tipos de jogadores. Tal pujança mercadológica foi sendo formada gradualmente desde os primórdios da década de 1980 com a empresa Atari, se ampliou com a guerra entre Sega e Nintendo, nos anos 1990, e atingiu dimensões gigantescas daí para a frente (HARRIS, 2015). Partindo dessas reflexões, vamos contextualizar brevemente um pouco este mercado para darmos sustentação à ideia de como games podem ser ferramentas midiáticas e transmissores de mensagens.

Um breve olhar sobre o mercado mundial de games

Dentro da pujante indústria do entretenimento, uma das áreas que apresenta maior crescimento atualmente é o setor de games. Afinal de contas, este se consolidou como objeto cultural e importante pilar dessa indústria, atraindo a atenção da mídia devido às dimensões de lucratividade que alcançou com seus produtos. O cenário mundial de games apresenta uma configuração bastante interessante, com os Estados Unidos liderando o mercado, seguido do Japão e, em terceiro lugar, do Canadá, sendo que este último país possui mais de 325 estúdios dedicados ao desenvolvimento de videogames (BERGERON; NADEAU, 2014, p. 13).

Há uma contextualização importante a ser apontada neste início de trajeto: um game, independentemente de plataforma, é um objeto cultural formado por regras, estética, interatividade, narrativa e interface. Um game existe em função de *players*, que se organizam em comunidades cercadas de tecnologia, mídia, comunicação e consumo. Tamanha quantidade de jogadores tem motivado diversos institutos de pesquisa a entenderem melhor esse universo.

Segundo um relatório da Statista,[1] instituto norte-americano de estatísticas e estudos de negócios, a indústria de games em 2012 somava um faturamento absoluto de 78,87 bilhões de dólares e este número, para 2015/2016, estima-se que chegará a valores próximos a 111,06 bilhões de dólares. Outro estudo, realizado pelo instituto Newzoo,[2] mostra uma projeção menos grandiosa e aponta que o mercado mundial de games em 2016 será de 86 bilhões de dólares.

Ambos os estudos apresentam valores bastante diferentes, mas, neste contexto, é importante frisar a dificuldade de traçar valores para essa indústria. Com a quantidade de produtos derivados dos games, como filmes, brinquedos, livros e his-

---

1 Conforme visto em *Global video games revenue from 2012 to 2015 (in billion U.S. dollars)*. Disponível em: <http://www.statista.com/statistics/237187/global-video-games-revenue/>. Acesso em: jan. 2016.
2 Segundo matéria do site www.brasilgamer.com.br, de 4/7/2013, fazendo alusão a um estudo realizado pela consultoria Newzoo. Disponível em: <http://goo.gl/yIFA4F>. Acesso em: jan. 2016.

tórias em quadrinhos, é uma tarefa hercúlea separar números absolutos e com precisão milimétrica, dada a quantidade de desdobramentos que podem ser encontrados.

A cultura do videogame e as retóricas de consumo que permeiam essa gigantesca indústria geraram uma pluralidade de públicos consumidores inseridos neste contexto contemporâneo. A maturidade que este mercado atingiu nas últimas duas décadas, entre outros aspectos, criou diferentes práticas e usos divergentes para os games e, hoje, além dos jogadores casuais e *hardcore players*, temos um inúmero contingente de indivíduos que consomem jogos de maneiras bastante variadas e específicas. Flanagan (2009, p. 5) aponta que certas pessoas, ao jogarem juntas, formam comunidades e desenvolvem uma identidade de grupo com grande senso de pertencimento; nesse caso, o ato de jogar assume aspectos de uma ferramenta de autoconhecimento e reflexão sobre o *eu*. Essa mesma autora (2009, p. 9) ainda aponta que os games, de certa forma, criam relações sociais e trabalham retirando os jogadores do cotidiano, inserindo-os em outros contextos, conforme discutimos no Capítulo 1 deste livro. Mesmo Marshall McLuhan (2001), em seu livro *Understanding media: the extensions of man*, de 1964, já postulava que os games possuem um papel importante na sociedade e que são meios de participação coletiva bastante consideráveis.

Martín-Barbero (2004, p. 215) afirma que um videogame pode oferecer uma experiência que retira um indivíduo do "mundo real", levando-o a uma experiência que chega a ser hiperreal, tamanha a evolução que essas plataformas de entretenimento sofreram nos últimos anos.

Machado (2001, p. 45) complementa as ideias anteriores ao apontar que na contemporaneidade há novas aplicações para a imagem eletrônica e a cada novo dia multiplicam-se em progressão geométrica as telas de vídeo ao nosso redor, sendo que as telas dos videogames são bastante protagonistas nesse ecossistema comunicacional. Nesse sentido, as telas se mesclam às paisagens do cotidiano se hibridizando com elas e formando outros códigos de representação que se multiplicam, nos envolvem e nos tomam de assalto (ibidem, p. 46).

Percebemos que os games estabelecem fortes relações entre imagem e imaginário; e sobre este assunto, Maffesoli (2001, p. 76) nos mostra que comumente se alude ao imaginário como uma instância que se opõe à "realidade": "uma ficção, algo sem consistência [...], algo diferente da realidade econômica, política ou social". No entanto, nos lembra o autor, devemos considerar o imaginário como algo que se constitui numa espécie de matriz, "uma força social de ordem espiritual, uma construção mental" que perpassa, estrutura e é estruturada por nossa vida cotidiana.

Um aspecto essencial a ser debatido aqui é o fato de que, mais do que produtos da indústria do entretenimento, os games se transformaram em mídia e a esse respeito Silverstone (2002, p. 14) postula que "a mídia agora é parte da textura geral da experiência". Já Regis (2014, p. 278) aponta que a "importância cultural e econômica dos games cresce na mesma proporção em que seus públicos se expandem e diversificam" e que portanto os videogames "tornaram-se, assim, um potente meio de comunicação, interação e sociabilidade na cultura contemporânea".

Seguindo o pensamento anterior de Regis, é possível ver que hoje os games extrapolaram a esfera do puro entretenimento e podem ser utilizados na área médica (ARAUJO et al., 2013, p. 343), para promover o aprendizado infantil (TÓTH; POPLIN, 2013, p. 194) ou até mesmo com fins ecológicos (MASTROCOLA, 2013, p. 330).

No atual cenário em que vivemos, os games também são mercadorias e podem ser estrategicamente moldadas para serem fatores de diferenciação social e transmissores de mensagens. Como afirma Slater (2002, p. 131), todo consumo é cultural e sempre envolve significado e experiência, que são pontos-chave para o assunto que abordaremos neste segundo capítulo utilizando o jogo *Valiant hearts*[3] (PlayStation 3, PlayStation 4, Microsoft Windows, Xbox 360, Xbox One, iOS, Android, 2014) como objeto norteador de nosso estudo. Por meio deste jogo, queremos observar como um game, através de suas imagens, pode ser uma mídia construtora de sentidos sociais e, por isso mesmo, plataforma de ensino, uma vez que *Valiant hearts* utiliza em sua narrativa fatos históricos reais e a fantasia em seu roteiro. Sendo assim, no próximo tópico apresentamos o game que analisaremos nesse percurso.

---

3   Pode-se traduzir livremente o nome do game como "Corações valentes". Vale frisar que *Valiant hearts* também é o nome do hino celebrativo que marca o fim da Primeira Guerra Mundial.

Valiant hearts: uma experiência lúdica através da Primeira Guerra Mundial

O jogo que discutimos neste capítulo ambienta sua narrativa durante a Primeira Guerra Mundial; a história se inicia em 1914 com o assassinato do Arquiduque Franz Ferdinand e a declaração de guerra da Alemanha contra a Rússia. O jogador assume o papel de quatro personagens e – com cada um deles – vai conhecendo uma faceta dos acontecimentos que marcaram a Primeira Guerra Mundial; há o francês Emile, o alemão Karl, o soldado norte-americano Freddie e a enfermeira belga Anna.

O game entra na categoria de "plataforma 2D", na qual o jogador comanda os personagens com uma visão lateral do cenário. A narrativa é dividida em quatro capítulos que exploram diversos fatos históricos e o jogo utiliza uma mecânica de resolução de *puzzles* (quebra-cabeças), em que os heróis devem mover elementos disponíveis na interface para passar para a fase seguinte.

Além dos elementos de guerra presentes na interface do jogo (soldados, tanques, metralhadoras etc.) e os *puzzles*, há um detalhe que nos chama a atenção para a discussão proposta neste trabalho: conforme a narrativa avança, o jogador recebe informações históricas ilustradas com imagens da época que complementam a narrativa do jogo.

Sempre que o jogador cumpre uma etapa do game, recebe como recompensa um fato histórico que vem acompanhado de um pequeno texto descritivo explicando os bastidores e contextualizações importantes da Primeira Guerra.

Ao acessar o site oficial do game,[4] é possível ver a tela que marca a declaração da guerra e uma explicação de que o Duque Franz Ferninand, em 28 de junho de 1914, foi assassinado em Sarajevo e este fato foi o estopim de uns dos maiores conflitos da humanidade. Pode-se ver, também, os soldados enviando cartas para suas famílias. Outro ponto de destaque é que o conteúdo histórico do jogo é feito em parceria com o documentário *Apocalypse World War I* e o projeto *Mission Centenaire 14-18*, responsável por divulgar informações a respeito do período em

---

4 Site oficial do jogo *Valiant hearts*. Disponível em: <http://valianthearts.ubi.com/game/en-GB/valiant-hearts/>. Acesso em: jan. 2016.

que ocorreu a Primeira Grande Guerra; pode-se ver os logotipos abaixo de fotos da época da guerra, originalmente disponíveis em preto e branco e que foram colorizadas por computador pela produtora do jogo em parceria com o projeto *Mission Centenaire 14-18*.

O conteúdo educativo se hibridiza à narrativa lúdica do game e transmite informações históricas relevantes àqueles que estão participando da experiência de jogar *Valiant hearts*.

É nítido que um jogo como *Valiant hearts* se utiliza de temas históricos reais e se vale de fatos acontecidos durante a Primeira Guerra para compor sua narrativa, interface e jogabilidade. Partindo disso, vamos discutir no próximo tópico como um objeto cultural, como um game, pode ser utilizado como ferramenta educativa e transmitir ideias e representações históricas para quem participa da experiência de jogar.

O entrecruzamento do discurso histórico com o discurso ficcional em *Valiant hearts*

No jogo *Valliant hearts*, a história aparece em pelo menos duas dimensões: os fatos e episódios históricos da Primeira Guerra Mundial – o passado – e a contemporaneidade histórica implicada na operação de construção da narrativa lúdica – o presente no qual estão inseridos os produtores e os jogadores.

A despeito de os produtores do jogo lançarem mão de recursos digitais e audiovisuais para a criação de *Valliant hearts*, a linguagem verbal é o suporte da narrativa que dá vida ao jogo. O discurso é resultado e postulado tanto do discurso da história quanto do discurso da ficção: enquanto sujeitos do discurso, os produtores do jogo tomam a palavra, atualizam o código verbal, renovam os procedimentos discursivos para manifestar suas escolhas dos fatos históricos e a forma que eles serão inseridos no interior da narrativa lúdica.

Os produtores do jogo instituem-se como (re)construtores do discurso da história da Primeira Guerra Mundial e como criadores/recriadores/cocriadores do discurso ficcional, "com todos os valores e estereótipos que lhe são próprios, inserindo-se no diálogo cultural de seu grupo, no diálogo cultural da humanidade"

(BACCEGA, 2007, p. 27). E do diálogo com o universo cultural de seu público-alvo, extraem a eficácia comercial e lúdica do jogo.

Assim, condicionados pelo contexto sociocultural no qual estão inseridos, os produtores elaboram determinadas articulações dos fatos (e não outras), fazendo a seleção com base no que eles consideram como de importância na contemporaneidade histórica, bem como no que consideram mercadologicamente relevante para compor a experiência do jogo.

Nesse sentido, no que se refere ao discurso histórico inserido na narrativa lúdica, realizam um procedimento análogo ao feito pelo historiador: selecionam os fatos históricos que acham mais notáveis e os interpretam. Fazem determinadas "leituras" do passado e as entrelaçam com a trama ficcional do jogo.

Cabe ressaltar que o fazer do historiador não tem como objetivo apresentar "a relação de fatos históricos constituídos" (BACCEGA, 2007, p. 25). Sua tarefa é buscar a totalidade do passado no presente. A construção da rede de relações que envolvem determinado período, quer dizer, a transformação dos fatos *em si* em fatos *para nós* (BACCEGA, 2007, p. 25).

A matéria-prima do historiador não são os fatos, mas sim os documentos e fontes históricas. A partir desses documentos e fontes, o historiador constrói o que se convencionou denominar de "fatos históricos". Essa construção se dá a partir da seleção dos materiais disponíveis e responde aos critérios de valor do historiador. O material é articulado e daí lhe é dado a forma de acontecimento histórico. Desta forma, a despeito do que se pode pensar à primeira vista, os fatos históricos não são o ponto inicial, mas sim o resultado do trabalho do historiador.

Os produtores de *Valliant hearts* (re)constroem os fatos históricos. Servem-se do que objetivamente aconteceu (o assassinato de Franz Ferdinand, a declaração de guerra por parte da Alemanha, as batalhas de trincheiras etc.) e transformam em fatos *para nós* – os jogadores. A diferença em relação ao discurso histórico é que eles fazem isso na unidade da trama ficcional, interligando o discurso histórico, que é científico, com o discurso ficcional (lúdico), criando uma tensão dialética entre a história e a ficção.

Dessa forma, a narrativa histórica presente em *Valliant hearts* não é a narrativa de um amontoado de fatos, nomes e datas, conforme é apresentado pela história tradicional de corte positivista – a história presa ao livro, abstraída da vida cotidiana e predisposta a ser tão somente memorizada por alunos e professores. A história da Primeira Guerra Mundial é contada no jogo de forma integrada à narrativa lúdica, amparada pelo poderoso recurso de imagens.

Quer dizer, as informações, textos e fotos sobre acontecimentos da Primeira Guerra Mundial não são inseridos na narrativa lúdica como excertos que interrompem o fluir do jogo. Muito pelo contrário. O discurso histórico, articulado de forma orgânica com a temática do jogo, existe no interior da narrativa lúdica complementando-a. E dessa relação extraem sua eficácia lúdica e seu potencial em fazer refletir sobre a realidade social e histórica mundial.

História e ficção constituindo games

Conforme nos lembram diversos críticos literários, arte e ciência tratam do mesmo objeto, no entanto tratam esse objeto de formas distintas. É nessa diferença de tratamento que reside a distinção fundamental entre o artístico e o científico: a ciência fornece-nos um conhecimento conceitual; a arte, a experiência da realidade. Em outras palavras, enquanto a história tem como objeto trazer o passado ao presente, a ficção cria uma nova situação existencial; uma outra "realidade".

Os produtores respondem segundo seu ponto de vista, assim como baseados em estratégias mercadológicas, a certos problemas sobre a realidade em que vivem ou que lhes é relatada. Assim como o historiador, assumem a palavra e (re)criam um discurso em diálogo contínuo com a sociedade e o mercado nos quais estão inseridos. No entanto, ao recolherem na realidade os elementos que consideram mais expressivos, realizam um procedimento diferente daquele do historiador: suas escolhas são feitas levando-se em consideração concepções e ideais atinentes aos campos da estética e da ficção e ao universo lúdico, atravessando esse, é importante ressaltar, as lógicas econômicas do mercado de games.

Dessa forma, a despeito de integrar elementos históricos à sua narrativa, bem como de se servir de discursos e saberes vindos da ciência histórica, *Valliant hearts* não é um discurso histórico, mas sim um produto de consumo lúdico/ficcional que cria uma realidade com normas próprias.

Valliant hearts não é um jogo com propósitos educativos explícitos. O objetivo de seus produtores não é o de produzir um jogo que opere fundamentalmente como suporte didático, mas sim o de produzir um bem de consumo de entretenimento para gerar lucros. O que vemos aqui é um entrelaçamento de questões históricas e estéticas com as retóricas do consumo.

História e memória a partir de imagens lúdicas

Quando falamos de história e de memória, temos que ter em conta a importância das imagens como documentos indispensáveis. Imagem é registro. Muito do conhecimento que possuímos de acontecimentos históricos contemporâneos são fornecidos por imagens, sobretudo fotografias e vídeos.

Mais: o poder simbólico da foto e do vídeo é enorme, pois opera como atestado de veracidade dos acontecimentos. Amparadas por testemunhos e por outras fontes documentais, as fotos nos mostram que as barbáries inerentes à Primeira Guerra Mundial, por exemplo, *de fato* ocorreram.

A despeito de a palavra ser a base para o pensamento conceitual (SCHAFF, 1974), não é necessário tão somente o texto verbal para a transmissão de conceitos, representações, valores etc. Assim, em *Valliant hearts* as fotos, que se hibridizam aos gráficos do jogo, contribuem bastante para o conhecimento dos contextos sociais e históricos que envolvem o imaginário da Primeira Guerra Mundial. Afinal, "toda comunicação é um deslocamento, toda crença é uma articulação da linguagem e da cultura, logo um imaginário" (SILVA, 2003, p. 47).

Silva (2003, p. 9), no entanto, alerta que os indivíduos se submetem a um "imaginário preexistente" e ressalta que – nesse contexto – todo sujeito é "um inseminador de imaginários". Para esse autor, no ambiente contemporâneo fortemente midiatizado parece fazer sentido o uso do termo *imaginário*, mas este precisa ser entendido como algo muito mais amplo e complexo do que um conjunto de imagens.

Esse mesmo autor (p. 12) diz que o imaginário é "ao mesmo tempo, uma fonte racional e não racional de impulsos de ação" e que "o imaginário social instala-se por contágio". Sendo assim, podemos trazer como exemplo uma geração inteira que sonhou o sonho dos Beatles tornado planetário pela indústria cultural, ou, no caso de nosso objeto de estudo, uma gama de jogadores que – através do game *Valiant hearts* – pode viver o imaginário de um episódio histórico que foi a Primeira Grande Guerra.

Não obstante, não é necessário que as imagens sejam representações "realistas" do passado e dos traumas causados pelas guerras mundiais. É justamente no jogo com as imagens, na relação com os sentidos, na interação e, sobretudo, no poder da imaginação que o jogo contribui para a sensibilização e para o conhecimento histórico político.

Afinal, o signo da memória é constituído pela tensão "entre dois sentidos que lhe são constitutivos: a recordação e a imaginação" (SOARES; QUINALHA, 2011, p. 79). Meio de acesso ao passado recente, a memória é capaz tanto de trazê-lo ao presente quanto de recriá-lo, incorporando a ele novos elementos. Por muito tempo foi concebido que essas duas dimensões da memória eram excludentes: enquanto a imaginação estava voltada para o terreno do irreal e do fantástico, a recordação estava voltada diretamente para a recuperação fiel do passado (ibidem, p. 59). Em contrapartida, hoje é amplamente aceita a concepção de que a dimensão imaginativa é uma forma de conhecimento tão legítima quanto a rememoração. Mais: ambas compõem uma unidade dialética.[5]

Para Huyssen (2014, p. 18), mesmo que dado acontecimento histórico "tenha sido infindavelmente mercantilizado, isso não significa que toda e qualquer uma das mercantilizações inevitavelmente o banalizem enquanto evento histórico". A contraposição entre a "memória séria" (o projeto *Shoah*, uma tese de doutorado sobre o Holocausto etc.) e a "memória trivial" (um produto da indústria cultural como a *Lista de Schindler* e o jogo *Valliant hearts*) só reproduz a velha di-

---

[5] É importante ressaltar que Soares e Quinalha (2011) falam de um paradigma diferente do de outros autores, citados neste artigo, que trabalham com a noção de imaginário. Não obstante, a reflexão de Soares e Quinalha acerca da construção da memória opera de forma ilustrativa para a exposição de nosso argumento.

cotomia entre alta cultura e baixa cultura. Na sociedade de consumo, os bens simbólicos cruzam-se, entram em embates, dialogam entre si numa complexa trama cultural que nos impede de fazer julgamentos simplistas e redutores.

Um produto cultural rico em imagens como o jogo *Valiant hearts* sinaliza caminhos interessantes para pensarmos os diálogos entre comunicação, consumo e o campo da educação – compreendendo por educação tanto a não formal quanto a formal. Entendemos que, para refletir sobre os cruzamentos desses campos, é essencial aprofundarmos nosso olhar na polifonia de vozes/discursos que se faz presente na contemporaneidade. É nessa teia comunicacional – onde discursos plurais se refletem, se refratam e se ressignificam que encontramos os discursos/produtos midiáticos.

Valiant hearts opera como conformador de sentidos sociais, contribuindo, então, para a tessitura da trama cultural. É assim que compreendemos que o jogo tem potencial educativo. Esse potencial é tão mais eficaz na medida em que o jogo é bem-sucedido em entrelaçar de forma harmônica o discurso histórico com uma experiência lúdica.

Cabe ressaltar que a produtora responsável pelo game *Valiant hearts*, ao evocar memórias da Primeira Guerra Mundial em uma interface, coloca o jogador em um momento bastante delicado da história da humanidade. O que pode motivar um jogador a "enfrentar" essas memórias até o fim? Quem responde a isso é Suits (2005, p. 55), que diz, não sem humor, que "jogar um jogo é uma tentativa voluntária de superar obstáculos desnecessários".

A experiência do jogo analisado se torna possível por conta de avanços tecnológicos que permitem que as modernas plataformas de videogames articulem gráficos, sons e imagens mais sofisticados, o que propicia uma experiência mais imersiva por parte do jogador.

Sobre esse assunto Baccega (1998, p. 52) nos lembra que:

Os meios de comunicação, graças ao avanço da tecnologia, ocupam lugar de destaque nas sociedades contemporâneas, cumprindo o papel de formadores. Configuram-se através dos discursos constituídos a partir de manifestações dos vários campos semiológicos, sobretudo o verbal. A linguagem verbal, que inclui entre as suas características a condição de "costurar" esses vários campos, manifesta-se como a base fundamental do discurso veiculado por esses meios.

Dessa forma, saímos de reducionismos que consideram a tecnologia um elemento desestruturador das relações sociais, e apontamos caminhos que venham superar dualismos, próprios da tradição cartesiana, como tecnologia *vs.* sociedade, razão *vs.* sensibilidade, bens mercantis *vs.* bens educativos, imaginário *vs.* realidade.

Baseados nas reflexões do Capítulo 1 sobre a sociabilidade e construção de capital simbólico e do que foi discutido neste segundo capítulo, sobre como os games se tornam plataformas midiáticas e transmissores de mensagens, avançaremos, no próximo capítulo, em nosso percurso discutindo questões narrativas mais complexas envolvendo os games.

REFERÊNCIAS BIBLIOGRÁFICAS

ARAUJO, I. S. de et al. Using social contexts as a framework for designing a health communication video game. In: HUBER, S. et al. (Eds.). *Context matters!* Proceedings of the Vienna Games Conference 2013: Exploring and Reframing Games and Play in Context. New Academic Press: Viena, 2013.

BACCEGA, M. A. *Comunicação e linguagem*: discursos e ciência. São Paulo: Moderna, 1998.

_____. Discurso da comunicação: encontro entre ficção e realidade. *Comunicação e Educação*, ano XII, n. 3, p. 23-34, set./dez. 2007.

BERGERON, U.; NADEAU, J.-F. Canadá, el país de los videojuegos. In: Selección de artículos de Monde Le Diplomatique. *El imperio de los videojuegos*. Santiago: Aún Creemos En Los Sueños, 2014.

EAGLETON, T. *Teoria da literatura*: uma introdução. São Paulo: Martins Fontes, 1978.

FLANAGAN, M. *Critical Play* – Radical Game Design. Cambridge: MIT Press, 2009.

HARRIS, B. *A guerra dos consoles*: Sega, Nintendo e a batalha que definiu uma geração. Rio de Janeiro: Intrínseca, 2015.

HUYSSEN, A. *Políticas de memória no nosso tempo*. Lisboa: Universidade Católica Editora, 2014.

MACHADO, A. *Máquina e imaginário*. São Paulo: Edusp, 2001.

MAFFESOLI, M. O imaginário é uma realidade. Revista *FAMECOS:* mídia, cultura e tecnologia, n, 15, vol. 1, p. 74-82, 2001.

MARTÍN-BARBERO, J. *Ofício de cartógrafo*: travessias latino-americanas da comunicação na cultura. São Paulo: Loyola, 2004.

MASTROCOLA, V. M. Ecological concepts in a board game. How to discuss serious causes using ludic interfaces? In: HUBER, S. et al. (Eds.). *Context matters!* Proceedings of the Vienna Games Conference 2013: Exploring and Reframing Games and Play in Context. New Academic Press: Viena, 2013.

McLUHAN, M. *Understanding media*: the extensions of man. London: Routledge, 2001.

POPLIN, A.; TÓTH, E. Cooperative learning games – a successful tool for promoting children's participation in urban planning? In: HUBER, Simon et al. (Eds.). *Context matters!* Proceedings of the Vienna Games Conference 2013: Exploring and Reframing Games and Play in Context. New Academic Press: Viena, 2013.

REGIS, F. Games. IN: BACCEGA et al. (Orgs.). *Dicionário de comunicação* – Escolas, teorias e autores. São Paulo: Contexto, 2014.

SCHAFF, A. *Linguagem e conhecimento.* Coimbra: Almedina, 1974.

_____. *História e verdade.* São Paulo: Martins Fontes, 1983.

SILVA, J. M. da. *As tecnologias do imaginário.* Porto Alegre: Sulina, 2003.

SILVERSTONE, R. *Por que estudar a mídia?* São Paulo: Edições Loyola, 2002.

SLATER, D. *Cultura do consumo & modernidade*. São Paulo: Nobel, 2002.

SOARES, I. V. P.; QUINALHA, R. H. Lugares de memória no cenário brasileiro da justiça de transição. *Revista Internacional de Direito e Cidadania*, n. 10, p. 75-86, jun. 2011.

SUITS, B. *The grasshopper*: games, life and utopia. Broadview Encore Editions: Toronto, 2005.

REFERÊNCIAS DE GAMES

Valiant hearts. Ubisoft. PlayStation 3, PlayStation 4, Microsoft Windows, Xbox 360, Xbox One, iOS, Android; 2014.

CAPÍTULO 3

QUESTÕES DE NARRATIVA EM JOGOS DE VIDEOGAMES

No capítulo anterior, discutimos como um jogo de videogame é uma importante plataforma midiática, operando na veiculação de fatos e acontecimentos históricos. Em nosso percurso, argumentamos que os games têm um grande potencial educativo. Neste capítulo, buscamos complementar essas reflexões a partir de uma análise das dimensões narrativas presentes em alguns jogos. Como ponto de partida, traçamos algumas considerações sobre o game *Until dawn* (Supermassive Games, 2015) que, segundo sua produtora, se enquadra na categoria de "drama interativo de horror".[1]

Através de um roteiro que envolve jovens protagonistas enfrentando um *serial killer* e perigos sobrenaturais em uma montanha nevada, *Until dawn* aloca os principais estereótipos do gênero fílmico de terror/horror para a interface do game. Utilizando um sistema de escolhas que geram resultados diversos para a trama, a mecânica do jogo, basicamente, se resume a explorar o cenário e optar por caminhos/soluções que vão desencadeando diferentes rumos e finais variados. Este tipo de gameplay (ou sistema de jogabilidade) se tornou bastante emblemático em jogos como *Heavy rain* (Quantic Dream, 2010), *Beyond: two souls* (Quantic Dream, 2013) e *The walking dead* (Telltale Games, 2012). Nessa categoria de jogo, o *player* é confrontado com situações de duas (ou mais) escolhas e, normalmente, precisa fazê-las sob extrema pressão de tempo, com um cronômetro que diminui a cada segundo na interface.

---

1   Esta informação pode ser acessada na página oficial do game. Disponível em: <http://www.supermassivegames.com/games/until-dawn>. Acesso em: jan. 2016.

Determinadas escolhas feitas pelos jogadores possuem caráter neutro, mas há decisões que afetam a maneira como a história vai apresentando seus próximos passos.[2] *Until dawn* leva isso ao extremo ao usar como componente narrativo o "efeito borboleta", que é uma ideia advinda da teoria do caos, na qual uma pequena ação casual feita no presente pode resultar em consequências gigantescas em um futuro próximo.[3] Vemos isso no game quando os personagens devem escolher carregar determinados equipamentos, quando deixam uma porta aberta ou fechada, quando optam por revelar certas informações para outros ou exploram o cenário em busca de pistas.

O game pode ser descrito de maneira sintética nestas breves linhas, mas há um componente basilar na constituição de *Until dawn* como um produto de entretenimento focado em uma narrativa: os elementos de horror, terror e medo que são utilizados para criar a ambientação e imergir o jogador no universo proposto pela narrativa.

Medo, terror e horror como componentes narrativos em *Until dawn*

Inegavelmente, os jogos que exploram temáticas de terror e horror têm ganhado notoriedade na indústria de games e, atualmente, formam um gênero bastante emblemático a cada nova geração de console e, também, em plataformas *mobile* como *smartphones* e *tablets* (MASTROCOLA, 2014). Nosso olhar foca-se em um videogame nesta discussão, mas vale lembrar que o medo é um componente estratégico de uma enorme gama de produtos do cinema, teatro, histórias em quadrinhos, parques de diversão etc. O grito de horror como componente temático de tantas obras de arte visuais (MELIA, 2014) manifesta-se também no caso do game analisado, seja porque as personagens gritam para provocar pânico no jo-

---

2 Em game design, este tipo de estrutura narrativa na qual o jogador vai escolhendo caminhos é comumente chamada de "árvores de decisão".
3 No site Fractal Foundation, no artigo "What is Chaos Theory?". Disponível em: <http://fractalfoundation.org/resources/what-is-chaos-theory/>. Acesso em: jan. 2016.

gador, seja porque este grita motivado pelas situações de horror/terror que experimenta na jornada de *Until dawn*.

Utilizar sentimentos negativos como medo, pânico e repulsa para a criação de determinados produtos de entretenimento pode parecer estranho, mas como apontam Nielsen e Schønau-Fog (2013, p. 45), diferentemente de outros gêneros lúdicos como RPGs medievais, *first person shooters*, *puzzles*, jogos de esporte e ação, os games de terror/horror focam seus esforços em estimular o jogador de uma maneira negativa.

Já Maral Tajerian, em seu artigo "*The neuroscience of survival horror*",[4] diz que a sensação de ansiedade é um ponto a ser ressaltado em jogos de terror/horror, já que esse sentimento é bastante experimentado em narrativas de videogames. Tajerian ainda aponta que, ao contrário do medo, que é uma resposta a uma ameaça iminente, a ansiedade é uma reação a uma futura ameaça potencial. Equilibrar as doses de medo e ansiedade em uma narrativa lúdica parece ser um ponto-chave para a criação de um produto envolvente para o público jogador.

Na esfera dos games, há um desafio instigante em balancear diversos elementos com o objetivo de criar uma atmosfera assustadora diferenciando aspectos de terror de aspectos de horror. No contexto que analisamos, o "terror" pode ser considerado um "refinamento do medo" e se constitui como uma emoção estética multifocal cuja principal característica é um estado de ansiedade, trazido através de uma equilibrada série de elementos artísticos como roteiro, atmosfera e personagens; o "horror", por outro lado, é uma intensificação do medo e representa uma emoção estética unifocal caracterizada por um estado de repulsa criado pelos elementos artísticos mencionados (GHITA, 2014, p. 58). Outra definição sobre o termo bastante pertinente ao nosso estudo advém de Saint (2014, p. 3), que diz que horror é uma mistura de medo e um completo sentimento de impotência.

Este balanço entre terror e horror é nítido em *Until dawn* e uma das características-chave da produção. Há momentos em que o *player* é convidado a explo-

---

4   O artigo foi publicado originalmente no site Gamasutra em junho de 2012. Disponível em: <http://www.gamasutra.com/view/feature/172168/fight_or_flight_the_neuroscience_.php>. Acesso em: jan. 2016.

rar porões, florestas cercadas de neve e corredores de uma mina abandonada. Por todos estes percursos prevalece um clima de tensão, no qual o perigo não é revelado; o jogador é convocado a imaginar que espécie de perigo pode surgir desses ambientes, aqui vemos a narrativa focar seus esforços em elementos de terror. Em um segundo momento, o jogo apresenta a figura de um *serial killer* perigosamente armado e criaturas sobrenaturais que vão perseguir o *player*, há cenas de carnificina explícitas que vão acontecendo conforme o enredo avança; nesse caso, vemos os elementos de horror estrategicamente colocados pelos produtores do jogo com o intuito de causar repulsa e choque naqueles que estão envolvidos na experiência.

Este balanço entre terror e horror é entrelaçado, invariavelmente, pela narrativa e gameplay de *Until dawn*. O clima de mistério, juntamente com os enigmas que precisam ser resolvidos, remetem às ideias de Dille e Platten (2007, p. 16), que ensinam que a história de um jogo trabalha em uníssono com o gameplay e quanto mais uma narrativa é contada se hibridizando ao gameplay, mais imersiva poderá ser a experiência do jogador no universo do game.

Seguindo o raciocínio anterior, entendemos que – no caso de um videogame que utiliza aspectos de terror/horror – não basta termos apenas gráficos de última geração e monstros com aspecto assustador. Um crescendo de ansiedade, controles que favoreçam a imersão do *player*, regras que indicam que o jogo está avançando e uma narrativa envolvente são cruciais para o sucesso da experiência de medo. Um bom exemplo em *Until dawn* que mostra como o gameplay se hibridiza à narrativa gerando uma experiência de imersão nos jogadores são os momentos em que as personagens são colocados em situações nas quais precisam se esconder de determinadas criaturas abissais. Na tela do jogo, é possível ver a personagem escondida e uma mensagem com os dizeres *"don't move"* (não se mova); nesse momento o jogador deve tentar não mexer o *joystick* que tem em mãos, pois um simples movimento pode revelar onde a personagem se encontra.[5] O pesquisador Jesper Juul (2005, p. 5) afirma que as regras de um game oferecem

---

5 Os *joysticks* de Playstation 4 são equipados com sensores de detecção de angulação e movimento. Através dessa característica, é possível adicionar este tipo de interação aos games.

desafios que um jogador não enfrentaria cotidianamente e, ao superá-los, ele fundamentalmente participa de uma experiência de aprendizado.

A quantidade considerável de títulos de terror/horror lançados nos últimos anos apontam que esse já um espaço consagrado dentro da gigantesca indústria de games. Os desdobramentos transmidiáticos desses jogos para o cinema, quadrinhos e tantas outras plataformas reforçam que o gênero já ampliou o alcance de seu discurso e – certamente – vai se sofisticar mais e mais conforme novos recursos forem surgindo.

No entanto, é importante ressaltar uma questão quando falamos de videogames de terror/horror: por que determinados indivíduos buscam sentir medo ao experienciar narrativas interativas como os games? Uma possível resposta pode ser o fato de que alguns videogames nos oferecem a chance de nos tornarmos outras pessoas ou, pelo menos, vivenciar algo da vida de outros, seja porque podemos nos transformar em caçadores de monstros em *Bloodborne* (From Software, 2015) ou em um diplomata intergaláctico em *Mass Effect* (Bioware, 2007), aqui nós estamos aptos a experimentar alguns dos desafios que outras pessoas enfrentam, ou os sistemas nos quais elas operam que diferem daqueles que vivemos cotidianamente (PARKIN, 2015, p. 104).

Outro ponto de destaque sobre esse assunto é o fato de que quando determinada audiência busca um game, livro ou filme de terror, ela possui um conhecimento mínimo de que se trata de uma experiência ficcional e, no caso de fãs do gênero, mesmo trabalhando com elementos que despertam sensações negativas, a experiência pode ser bastante agradável (SAINT, 2014, p. 4); afinal de contas, podemos dizer que a razão fundamental pela qual monstros fictícios fascinam públicos tão plurais é o fato de eles não existirem de verdade e proporcionarem uma experiência de horror estético (Ibidem, p. 12).

Logo, uma característica central de alguns videogames é a de dar a determinados indivíduos um senso de pertencimento, para que estes vejam a si mesmos representados e com possibilidade de compartilharem histórias ou, pelo menos, experimentarem algo diferente de suas rotinas; de fato, quando um jogo surge no momento adequado na vida de um indivíduo, pode ter um efeito transformativo, tal qual um livro ou um filme pode proporcionar (PARKIN, 2015, p. 114).

Rouse III (2009, p. 20) complementa essa ideia ao afirmar que duas emoções bastante marcantes dos games de horror/terror são medo e tensão; esse autor ainda lembra que jogos desse gênero provocam tais sensações na medida em que entregam algum tipo de desafio ao *player*, que tende a projetar a si mesmo em uma experiência imersiva, principalmente nos jogos em primeira pessoa.

Entendendo a importância contextual do horror, terror e medo na experiência de *Until dawn*, em seguida vamos investigar determinadas características narrativas que tornam este game uma experiência interativa que pode ser enquadrada na categoria de "narrativa ergódica" (AARSETH, 1997).

Game ou filme interativo?
Interpretando *Until dawn* como uma narrativa ergódica

Boa parte da experiência de *Until dawn* é baseada em sequências cinematográficas nas quais o jogador pouco ou nada interage com o que é proposto na interface. Sendo um jogo fundamentado em uma narrativa de terror com mecânica de escolha de ações, é esperado que esse tipo de dinâmica esteja presente na experiência do game. Muito se discute sobre a categoria na qual se enquadra esse tipo de produto. Algumas opiniões mais radicais em certos sites na internet apontam que jogos como *Until dawn* deveriam ser chamados de "filmes interativos" e não poderiam ser classificados como games.[6] Neste trabalho, porém, consideramos *Until dawn* como um game, já que ele possui as características essenciais de um jogo conforme as ideias de Juul (2005), previamente discutidas no Capítulo 1.

Aprofundando a ideia de *Until dawn* ser um game ou um filme interativo, para os objetivos deste texto entendemos o título em questão como um jogo que

---

6 Conforme visto no post *'Until dawn' review: can an interactive movie really be a good video game?* Disponível em: <http://www.ibtimes.com/until-dawn-review-can-interactive-movie-really-be-good-video-game-video-2063534>. Acesso em: jan. 2016.

se encaixa na categoria de **narrativa ergódica** proposta pelo pesquisador Espen Aarseth em seu livro *Cybertext* (1997). Segundo esse autor (1997, p. 1-2), a ideia de narrativa/literatura ergódica deriva das palavras gregas *"ergon"* (trabalho) e *"hodos"* (caminho); nas narrativas ergódicas, esforços não triviais são exigidos para que o leitor/espectador/jogador atravesse o texto (como o apertar de botões em um videogame). Para que a ideia de narrativa ergódica exista, é preciso que exista uma narrativa não ergódica em que o esforço para percorrer o texto seja trivial, basicamente se resumindo ao movimento dos olhos na linhas e no virar das páginas.

O que Aarseth (1997) propõe em seu trabalho é que as narrativas ergódicas envolvem esforços físicos, geram trabalho para o leitor/espectador/jogador. Os videogames, pela sua natureza interativa fundamentada em comandos em uma tela, *joystick* ou qualquer outra interface, manifestam muito bem essa particularidade. Porém, é possível encontrar exemplos de narrativa/literatura ergódica fora do universo dos videogames. O livro *Cem bilhões de poemas*,[7] de Raymond Queneau, é uma obra literária cujas páginas estão divididas em "tiras" que, ao serem abertas aleatoriamente, formam, por análise combinatória, cem bilhões de possibilidades de poemas. Uma curiosa versão do livro em formato de site monta os poemas conforme se navega com o mouse sobre as frases.[8] Gosciola (2003, p. 43) utiliza essa obra para exemplificar formatos diferenciados de narrativas interativas não digitais.

Outro exemplo de livro que pode ser lido de maneira não usual e que podemos trazer para esta discussão é *O templo do terror* (LIVINGSTONE, 1985). A obra possui uma narrativa não linear na qual o leitor/jogador deve ir escolhendo caminhos que conduzem para situações diversas; outro ponto importante a ser ressaltado é o fato que há combates com criaturas que devem ser resolvidos rolando dados e marcando informações em uma ficha de personagem. Na primeira pági-

---

7 *Cent mille milliards de poèmes*: no original em francês. Para saber mais sobre essa obra, acesse o site *Digital Humanities*, disponível em: <https://digitalhumanities.princeton.edu/2015/11/09/the-algorithmic-literature-of-oulipo/>. Acesso em: jan. 2016.
8 Disponível em: <http://www.growndodo.com/wordplay/oulipo/10%5E14sonnets.html>. Acesso em: jan. 2016.

na do livro há uma nota dizendo ao leitor que tudo que ele precisa para se aventurar é de "dois dados, um lápis e uma borracha".

De certa maneira, em um contexto literário considerado mais tradicional, podemos destacar o clássico *Rayuela*[9] (CORTÁZAR, 1998) como um possível exemplo que possui determinadas características de literatura ergódica. Publicado originalmente em 1963, esse livro, considerado à época de seu lançamento uma das narrativas mais originais da literatura latino-americana e ocidental, inaugura o que Prieto (2006, p. 404) denomina como "novela do leitor cúmplice".

Ao contar com um "tabuleiro de direções", o livro permite ser lido de diversas maneiras, mas sobretudo de duas maneiras distintas: uma linear, seguindo a ordem cronológica das páginas e capítulos, outra não linear, começando do capítulo 73 e seguindo a ordem indicada ao final de cada capítulo. Dessa forma, o leitor não só acompanha como tem papel ativo na busca labiríntica do protagonista Oliverio pela sua amada, a personagem Maga.

Esse aspecto aberto da obra em que o jogo de linguagem se combina com o jogo de leitura é comentado por Juan-Navarro (1992, p. 236) que assinala que:

> *Rayuela* propõe um conceito lúdico de arte e a literatura em que é indispensável a participação do leitor. O impulso dialógico invade todos os níveis do texto. O fundo e a forma se refletem mutuamente através da busca que compartilham personagens, o leitor e a obra mesma.

Além do mais, é interessante notar que o título do livro, *O jogo da amarelinha*, indica o aspecto aberto e lúdico da leitura, mas também opera como metáfora de nossas vidas (JUAN-NAVARRO, 1992, p. 238). Quer dizer, tal qual no jogo infantil em que o "destino" (céu ou inferno) é determinado por uma mescla entre acaso e a capacidade de agir dos jogadores, a existência humana é tensionada entre as determinações do real e nossas ações, sendo assim não linear e indeterminada.

E é, de certa maneira, nessa tensão expressa em *Rayuela* que está situado o jogo *Until dawn*. Afinal, no game existe uma abertura para a ação do jogador,

---

9 Traduzido no Brasil como *O jogo da amarelinha*.

que pode determinar rumos para a narrativa, porém dentro de "quadros narrativos" que são estabelecidos pelos produtores do jogo. *Until dawn* é ao mesmo tempo uma narrativa fechada e uma narrativa aberta. Combina elementos do universo literário e/ou cinematográfico com elementos próprios do universo dos games.

Trouxemos o conceito de narrativa ergódica para iluminar a dimensão de coautoria por parte do leitor/jogador. Por outro lado, entendemos que a participação ativa desse leitor/jogador se exerce em outro nível, mais amplo. Este está encerrado no processo de imersão e na experiência de consumo do game/livro, que envolve elementos como projeção, identificação com as personagens, imaginação, envolvimento afetivo etc.

No próximo tópico, propomos uma releitura, ressignificação e atualização de algumas categorias básicas de análise da teoria literária como um dos caminhos de análise das questões de narrativa do game *Until dawn*. Nesta exposição, procuramos investigar essa dimensão de coautoria ao iluminarmos alguns pontos fundamentais que podem estar presentes na relação entre o jogador e o game. Vale ressaltar que entendemos esse contexto como um ecossistema fértil para criação de experiências e significados.

Narrativas literárias e narrativas lúdicas: aproximações

A) O poder da narrativa

A narrativa é um dos componentes fundamentais da existência humana. É um elemento basilar e estruturante da nossa cultura e sociedade. Esteve presente em volta das fogueiras das sociedades antigas e das culturas tribais, passada oralmente de geração a geração. Esteve presente no nascimento da História clássica (na figura de Heródoto), na epopeia grega, nos romances medievais de cavalaria, na cultura popular. Está presente na literatura, no cinema, no teatro, nos games etc.

Em suas formas mais antigas, as narrativas tiveram um caráter fundamentalmente oral, coletivo e pedagógico/moral. Era um substrato importante da transmissão das experiências culturais de uma dada sociedade ou grupo, garantindo, assim, a (re)produção da vida social. Em suas formas mais "complexas", que estão presentes nas sociedades modernas, a narrativa é, em oposição aos formatos antigos, escrita, individualista e voltada para o entretenimento e/ou fruição artística.

Independentemente desses diferentes formatos e funções, a narrativa sempre teve como elemento fundamental a figura do *narrador*. Afinal, é ele quem recolhe as experiências sociais e dá a elas um formato narrativo (BACCEGA, 2012).

No entanto, quando tratamos de algumas variáveis contemporâneas de narrativa, como os videogames baseados em narrativa, a presença do narrador é menos evidente, chegando a se tornar desindividualizada. Isso porque a despeito do game contar com responsáveis pela história, roteirista(s) e diretor(es), a figura do narrador é diluída na enorme equipe produtora que dá forma à história/jogo.

No universo dos games, não há uma proximidade, física ou imaginária, entre o jogador e o narrador, compreendido como autor e/ou relator da história. Para o jogador, o que importa é a experiência do jogo. Em alguns, casos, sim, a individualidade do "narrador" é um elemento fundamental na escolha do jogo, como é o caso dos jogos assinados pelo projetista/roteirista/game designer Hideo Kojima, criador da franquia *Metal gear*. Por outro lado, em grande parte dos casos, o estúdio produtor opera como signo identificador do estilo, do formato e da qualidade da narrativa e do jogo, talvez sendo a expressão mais próxima que temos do narrador tradicional – ao concentrar numa marca individual todo o processo de produção que envolve diversos atores.

Nesse ponto, buscamos evitar um julgamento moral que veja no surgimento de novas modalidades narrativas um esvaziamento das relações e do caráter humanístico próprios das narrativas tradicionais.

Há, sim, na sociedade contemporânea, uma mudança nas formas narrativas derivada do impacto dos meios de comunicação modernos e das novas tecnologias digitais. Em linhas gerais, essa mudança se expressa na crescente fragmentação dos relatos; na hibridização de gêneros narrativos, de códigos linguísticos e de formatos discursivos; na interconexão entre linguagens digitais e linguagens tradicionais.

Acompanhamos aqui Martín-Barbero (2006), que enxerga uma potencialidade, sobretudo educativa, nesse processo. Com efeito, o autor nos mostra que as linguagens híbridas, principalmente as que combinam a linguagem analógica com a linguagem digital, bem como as que mesclam elementos verbais com elementos musicais e audiovisuais, mobilizam tanto nossas competências intelectuais quanto nossas competências sensíveis, permitindo assim o exercício pleno de nossa criatividade, afetividade e racionalidade.

Nesse sentido, consideramos que a experiência, componente fundamental da narrativa, não se perde no jogo de videogame, subsistindo, assim, às mudanças no âmbito narrativo. A partir da bem-sucedida combinação entre gráficos de última geração, game design e história, podemos arriscar dizer que um game como *Until dawn* nos leva para um outro nível de experiência narrativa, conforme discutiremos nos próximos tópicos.

B) Questões de verossimilhança

A narrativa pode tanto se ater ao relato de fatos reais, como na narrativa jornalística, quanto ao relato de fatos fictícios. Em alguns casos, é resultado da combinação entre os dois, como um filme baseado em "fatos reais". No jogo *Until dawn*, temos uma narrativa marcadamente ficcional, com aspectos de horror, terror e suspense distribuídos no percurso do game.

Conforme nos mostra a teoria literária, uma das características fundamentais para a compreensão de um bom produto narrativo ficcional é a de **verossimilhança**. Em oposição ao verdadeiro (a realidade), a verossimilhança alude aquilo que no interior de dada narrativa é plausível. Ou seja, a narrativa ficcional pode conter elementos fantásticos e sobrenaturais, como é o caso do jogo *Until dawn*, e ser consumida de forma natural sem nenhum impedimento, uma vez que o que se apresenta no jogo é considerado verossímil, passível de ter ocorrido no plano ficcional.

Se num conto de fantasia nos deparamos com dragões, alienígenas e monstros não nos espantamos, tampouco consideramos o conto equivocado ou ruim por não corresponder à verdade objetiva dos fatos. Isso porque estamos considerando as personagens, fatos e coisas, presentes nesse conto, no interior de sua narrativa. O leitor sabe que está lendo um conto de fantasia e espera que nele aconteçam fatos fantásticos. Notamos um problema (ou ruído) quando há uma ruptura narrativa causando um desvio de expectativa por parte do leitor.

Daqui podemos derivar a noção de **contrato de leitura** que ilumina o fato de que o leitor lerá dada obra a partir de seu gênero e de seu formato e dela terá expectativas correspondentes ao que ele já conhece de antemão sobre este gênero e formato. Quando um jogador adquire o jogo *Until dawn* sabe que se trata de um produto ficcional e, mais ainda, que se refere a uma narrativa do campo da fantasia e do terror. O cumprimento do "contrato de leitura" por parte dos produtores do jogo reside em corresponder a esse conjunto de expectativas.

Nesse sentido, Baccega (2012, p.1301) nos ensina que cada produto ficcional, seja ele uma telenovela, um livro ou, em nosso caso, um game, "contém na concretude de seu desenvolvimento a verdade que se constitui nele". Isso significa que toda narrativa ficcional cria suas regras e leis a partir das quais será lida e interpretada pelo seu interlocutor. Em outras palavras, a narrativa ficcional "levanta muros", delimita seu espaço, tem especificidade.

Por outro lado, é evidente que a "narrativa emerge de uma determinada sociedade, num tempo histórico, numa cultura" (ibidem, p. 1301). Ela é autônoma na medida em que cria um universo próprio no interior do qual se dará o jogo, mas não é independente da sociedade da qual emerge e para a qual se destina. *Until dawn* é um produto cultural fundado numa determinada sociedade e dela extrai valores, representações, imaginários que permitirão a eficácia lúdica e comercial do game.

Estamos falando, sobretudo, de uma sociedade cuja cultura valoriza a experiência do medo, da aventura e dos riscos. Nesse contexto, o terror desfruta de um apreço especial no mercado de entretenimento. Caillois (1986) alerta que na contemporaneidade há um sem-número de indivíduos que buscam diferentes sensações de medo voluntário em espaços variados; o autor utiliza um parque de diversões para ilustrar esse fato e diz que, seja na vertiginosa montanha-russa, na labiríntica casa de espelhos ou na materialização de seres fantásticos de uma casa do terror, buscamos o medo e diferentes sensações de terror nesse tipo de ambiente. Caillois (p. 225) ainda afirma que nesse cenário:

> tudo segue sendo um jogo, o dizer permanece livre, separado, limitado e combinado. Antes de mais nada, a vertigem é também a embriaguez, o terror e o mistério (...)

Caso contrário, ninguém ignora que a fantasmagoria fingida está destinada a divertir mais do que enganar verdadeiramente.

Tanto o parque de diversões quanto um jogo aterrorizante de videogame podem encantar pela sensação de medo, pois é o medo apresentado de maneira controlada. A vertigem da montanha-russa, o ator vestido de lobisomem dentro da casa do terror ou o monstro materializado na tela de *Until dawn* oferecem uma sensação de medo que, de certa forma, está sob o controle da pessoa envolvida na experiência. Por mais assustador que seja um passeio na montanha-russa, há um fim definido, e repetir ou não a experiência está nas mãos dessa pessoa; por mais apavorante que seja um jogo de terror, sempre é possível desligar o console de videogame para interromper a narrativa.

C) Estética da recepção

Quando falamos de um game, a dimensão ativa do jogador é evidente. O *player* é a figura fundamental na direção, na tomada de decisões e nos rumos do jogo. Através dos comandos, o jogador expressa suas competências e habilidades num processo dinâmico de interação.

Mesmo em um game como *Until dawn* essa dimensão está bem presente, a despeito do número mais limitado de possibilidades interativas. Quando trazemos o conceito de narrativa ergódica aplicada a esse jogo, temos em mente ilustrar que seu jogador não é passivo – ele mobiliza uma série de esforços físicos na relação com a narrativa/jogo.

No caso das narrativas ergódicas literárias apresentadas, também fica claro que o leitor é um elemento fundamental no desenrolar narrativo. Por outro lado, é importante termos em conta uma dimensão mais ampla de atividade por parte do leitor/jogador, envolvendo não só o ergométrico (esforços físicos), mas também o afetivo, o cognitivo e o imaginativo.

Nesse ponto, é interessante trazer as contribuições dos Estudos Alemães de Estética da Recepção, desenvolvidos em meados do século XX e capitaneados por Arnold Hauser e Wolfgang Iser. Segundo essa corrente, uma narrativa literária só existe na medida em que há um leitor que lhe dê significado, que lhe traga à vida.

Sem o leitor, o livro é tão somente um conjunto de caracteres inertes. É só tinta no papel. O objeto estético surge apenas no ato de leitura, no encontro entre a obra e o leitor, que se constitui, assim, como coautor (HAUSER, 1988).

Tomando *Until dawn* como um game baseado numa narrativa de terror, podemos aplicar essa dimensão do leitor/coautor ao jogador, que é fundamental no processo de construção da ambiência e da história de terror/medo. Afinal, conforme mostramos no segundo tópico deste capítulo, para a eficácia de uma narrativa de terror/medo são indispensáveis os elementos de mistério e de imaginação. Esses estão presentes tanto no mérito dos produtores do jogo, que foram capazes de equilibrar muito bem a história com os elementos lúdicos, quanto nos jogadores que se tornam cúmplices da história ao mobilizarem seus repertórios afetivos e imaginativos ao longo da interação com *Until dawn*. Logo, os elementos estéticos parecem ser nucleares no processo de construção narrativa do game observado neste trabalho.

Quando trazemos a palavra "estética", buscamos recuperar seu significado etimológico, referido aos sentidos e às sensações humanas. Com efeito, Eagleton (2001) nos ensina que "estética" vem do grego *aesthesis*, que remete às nossas faculdades sensitivas como tato, audição, paladar, visão; de onde o termo "anestesia", que tem o prefixo "an" indicando a ausência ou negação dos sentidos (no caso usual da palavra, referido ao significado *negação da dor*). Estética, portanto, não é usada aqui só em seu sentido usual, remetendo ao universo das obras de arte, mas também em seu sentido amplo que serve para iluminarmos algumas dimensões da experiência de jogo em *Until dawn*. A estética da recepção é justamente esse espaço criativo de envolvimento e imersão que se dá tanto no ato da leitura quanto no ato de jogar um game como *Until dawn*. É o momento de interação prazerosa, mesmo que envolva sentir algo negativo quanto o medo. É o momento de *sentir* a experiência no corpo e na mente: a adrenalina e a pulsação que aumentam, as pupilas que dilatam, a mão que fica trêmula após um desafio completado com êxito, o deslumbramento com os gráficos e a curiosidade sobre os diferentes finais que a história pode ter.

Assim, não seguimos as interpretações, tão correntes no senso comum, que veem no universo do entretenimento, em geral, e nos games, em particular, uma atividade alienada que sinaliza a morte da imaginação, da experiência e da narrativa. E se considerarmos as aberturas possibilitadas pelas redes digitais e em especial a Playstation Network, que permitem a interação, a troca de experiências e de repertórios entre jogadores, essa hipótese de alienação cai ainda mais por terra. Um elemento fundamental da narrativa, conforme advoga Benjamin (1987), é a transmissão cultural, e essa não só é resguardada no caso dos jogos, como é amplificada pela rede em que estão presentes múltiplos jogadores, múltiplos coautores. O game, entendido como mídia e espaço social, abre possibilidades múltiplas para se pensar diferentes construções narrativas e conteúdos.

D) A construção das personagens

Apoiando-nos em um pensamento de Antonio Candido sobre a novela literária, podemos dizer que há três elementos centrais em um desenvolvimento narrativo: o enredo, as personagens e as ideias. Segundo o autor, um bom livro é aquele que consegue tratar de forma orgânica esses três elementos (CANDIDO, 1998, p. 54).

As personagens de *Until dawn* seguem um estereótipo de jovens norte-americanos muito comum dos filmes de terror dos anos 1980. A personagem Mike reflete os ideais de um atleta valentão que, aparentemente, pode ser uma espécie de líder dos jovens. A garota Sam já incorpora um ar mais dócil e faz o papel de vítima assustada perante os terrores da narrativa; Emily tem reações que a fazem ser a personagem mais antipática do time. Há ainda outras personagens como Matt, Jessica, Ashley, o misterioso *serial killer*, um andarilho das montanhas e uma criatura sobrenatural que complementam a trama.

O fato de as personagens do game serem estereotipadas e, nesse sentido, personagens "planas" e não "complexas", para usarmos os termos da teoria literária, não implica a má qualidade da narrativa. Muito pelo contrário: é no campo do clichê das histórias de terror e de *serial killers* que o jogo encontra parte de sua excelência narrativa. Afinal, ao dialogar de forma bem-sucedida com outros produtos culturais de terror, o jogo ativa a memória cognitiva e afetiva do jogador, que provavelmente consumiu esses produtos, possibilitando assim uma experiência narrativa envolvente e imersiva.

Sobre esse assunto, Miller (2004, p. 109) reflete que personagens são elementos importantes para determinados gêneros lúdicos e podem, entre outras coisas, fazer o convite para que certos indivíduos explorem mundos intimidadores ou não familiares de maneira confortável e segura, manter a atenção dos jogadores capturada enquanto estes gastam horas no ambiente do game e aumentar a percepção de diversão através da narrativa.

As narrativas em games no âmbito da interface cultura/entretenimento

A forte associação entre mídia, entretenimento e cultura na contemporaneidade tem sido amplamente enfatizada sob diferentes olhares e possibilidades. Observar, compreender e pesquisar esse cenário parece ser uma missão cada vez mais privilegiada que encontra no universo dos games um viés bastante iluminador.

Uma atualização constante e um entrelaçamento entre múltiplas disciplinas permite reflexões cada vez mais acuradas sobre os fenômenos culturais que permeiam o cotidiano; afinal de contas, "para lidar com as novas complexidades da vida cultural é preciso um novo vocabulário e uma nova maneira de trabalhar: já está dado nesse momento o passo que leva à estruturação dos estudos culturais" (CEVASCO, 2003, p. 13).

A exigência de um novo vocabulário ou novas maneiras de observar o ambiente que nos cerca parece fazer sentido neste cenário no qual uma narrativa de terror/horror assume formato em uma interface de jogo e pode – por que não? – se materializar, também, como outros produtos (brinquedos, histórias em quadrinhos, vídeos virais da internet etc.). A indústria de games pressupõe esta opulência em termos de consumo de produtos e, conforme pudemos observar neste texto, há uma complexa trama de negócios envolvendo um produto cultural materializado na forma de um jogo como *Until dawn*, em que a narrativa é construída estrategicamente, visando dialogar com um público consumidor de um gênero lúdico específico.

As personagens estereotipadas de filmes oitentistas, a estética *dark* e sobrenatural, a trilha sonora que alterna entre notas oitavadas de piano e músicas de perseguição, os controles que exigem habilidade física e atenção do jogador, os diferentes finais aos quais as escolhas do *player* conduzem, os detalhes que passam imperceptíveis e são discutidos em sites de redes sociais digitais e os vídeos de *making of* do jogo são alguns elementos que nos auxiliam a entender determinadas questões narrativas em *Until dawn* e nos ajudam a refletir sobre como um game pode ser construído e sobre como certos aspectos são estrategicamente abordados para que ele se constitua como produto de entretenimento.

Desde os primórdios da indústria dos games, da década de 1970 até o presente momento, as narrativas dos games evoluíram e se hibridizaram com outros aspectos culturais. A cada nova plataforma que surge, também afloram novas possibilidades para pensarmos como é possível criar significado e envolver jogadores em experiências cada vez mais imersivas. *Until dawn* é apenas um de muitos exemplos que poderíamos trazer para esta discussão e, vale frisar, que o teor narrativo envolvente não é mérito das plataformas de consoles da última geração.

Ao trazermos algumas categorias da literatura aplicadas à análise das questões narrativas de *Until dawn*, não temos a pretensão de estabelecer uma hierarquia de valor na qual as narrativas literárias se colocam numa posição subalterna aos videogames. Tampouco tivemos como objetivo postular a "morte" do genêro literário em nossa sociedade, marcada por transformações tecnológicas, culturais e sociais. Não ignoramos as especificidades das narrativas literárias, sobretudo o importante papel cultural que elas desempenham em nossa sociedade. O que intentamos em nossa aproximação entre literatura e games foi delinear a convivência e convergência entre gêneros, formatos, mídias e linguagens que marcam a era contemporânea – fenômeno que, longe de empobrecer nossas práticas sociais e culturais, só tem a engrandecê-las.

Tendo como ponto de partida essa riqueza da dimensão cultural dos games, propomos, no capítulo seguinte, iluminar alguns aspectos de como a cultura e o mercado de games se articulam. Para tanto, discutiremos os passos de planejamento e desenvolvimento de jogos, bem como propomos esboçar um modelo de metodologia qualitativa predisposta a avaliar tanto o lado comercial quanto as formas de apropriações culturais do universo dos games.

REFERÊNCIAS BIBLIOGRÁFICAS

AARSETH, E. *Cybertext*: perspectives on ergodic literature. Maryland: The Johns Hopkins University Press, 1997.

ADORNO, T.; HORKHEIMER, M. *A dialética do esclarecimento*. Rio de Janeiro: Zahar, 2006.

ARENDT, H. *A condição humana*. Rio de Janeiro: Forense-Universitária, 2014.

BACCEGA, M. A. *Comunicação e linguagem*: discursos e ciência. São Paulo: Moderna, 1998.

_____. Ressignificação e atualização das categorias de análise da 'ficção impressa' como um dos caminhos de estudo da narrativa teleficcional. *Revista Comunicación*, n. 10, v. 1, p. 1290-1308, 2012.

BAUDRILLARD, J. *Simulacres et simulation*. Paris: Gallié, 1981.

BENJAMIN, W. *Magia e técnica, arte e política*. Ensaios sobre literatura e história da cultura. São Faulo: Brasiliense, 1987.

CAILLOIS, R. *Los juegos y los hombres*: la máscara y el vértigo. Cidade do México: Fondo de Cultura Económica, 1986.

CANDIDO, A. A personagem do romance. In: CANDIDO, A. et al. *A personagem de ficção*. São Paulo: Perspectiva, 1998. p. 51-80.

CEVASCO, M. E. *Dez lições sobre estudos culturais*. São Paulo: Boitempo Editorial, 2003.

CHERRINGTON, R. *Clive Barker, the secret self*: a representation of transformation through horror, fantasy and sexuality. In: SMITH, S.; HILL, S. *Transforming fear, horror and terror* – multidisciplinar reflections. Oxford: Inter-Disciplinary Press, 2014.

CORTÁZAR, J. *O jogo da amarelinha*. São Paulo: Civilização Brasileira, 2002.

_____. *Rayuela*. Buenos Aires: Sudamericana, 1988.

DILLE, F.; PLATTEN, J. Z. *The ultimate guide to video game writing and design*. Nova York: Skip Press, 2007.

EAGLETON, T. *Teoria da literatura:* uma introdução. São Paulo: Martins Fontes, 1997.

_____. *A ideologia da estética*. Rio de Janeiro: Zahar, 2001.

FIGURELLI, R. Hans Robert Jaus e a estética da recepção. *Letras, UFPR*, Curitiba, v. 37, p. 265-285, 1988.

GHITA, C. Discussing Romanian Gothic. In: KATTELMAN, B.; HODALSKA, M. *Frightful Witnessing*: the rhetoric and (re)presentation of fear, horror and terror. Oxford: Inter-Disciplinary Press, 2014.

GOSCIOLA, V. *Roteiro para as novas mídias*: do game à TV interativa. São Paulo: Senac, 2003.

HAUSER, Arnold. *Teorias da arte*. Lisboa: Presença, 1988.

JUAN-NAVARRO, S. Un tal Morelli: teoria y práctica de la lectura en *Rayuela*, de Julio Cortázar. *Revista Canadiense de estudios hispánicos*, v. XVI, p. 235-252, inverno 1992.

JUUL, J. *Half-real*: video games between real rules and fictional worlds. Massachusetts: Mit Press, 2005.

LIVINGSTONE, I. *O templo do terror*. Rio de Janeiro: Marques-Saraiva, 1985.

MARTÍN-BARBERO, J. Tecnicidades, identidades, alteridades. Mudanças e opacidades da comunicação no novo século. In: MORAES, D. (Org.). *Sociedade midiatizada*. Rio de Janeiro: Mauad, 2006. p. 51-79.

MASTROCOLA, V. M. *Horror Ludens*: medo, entretenimento e consumo em narrativas de videogame. São Paulo: Livrus, 2014.

MELIA, M. *The scream in visual culture*: the scream as fearful response. In: SMITH, S.; HILL, S. *Transforming fear, horror and terror* – multidisciplinar reflections. Oxford: Inter-Disciplinary Press, 2014.

MILLER, C. H. *Digital Storytelling*: a creator's guide to interactive enternainment. Burlington: Focal Press, 2004.

NIELSEN, D. L.; SCHØNAU-FOG, H. *In the mood for horror*: a game design approach on investigating absorbing player experiences in horror games. In: HUBER, S.; MITGUTSCH, K.; ROSENSTINGL, H.; WAGNER, M. G; WIMMER, J. (Eds.). *Context Matters!* Proceedings of the Vienna Games Conference 2013: Exploring and Reframing Games and Play in Context. New Academic Press: Viena, 2013.

PARKIN, S. *Death by video* game: tales of obsession from the virtual frontline. Londres: Serpent's tail, 2015.

PRIETO, M. *Breve Historia de la literatura argentina*. Buenos Aires: Taurus, 2006.

ROUSE III, R. *Match made in hell*: the inevitable success of the horror genre in videogames. IN: PERRON, B. *Horror videogames* – Essays on the fusion of fear and play. Londres: McFarland & Company, 2009.

SAINT, M. *Horror in art, horror in life*: its nature and its value. IN: SMITH, S.; HILL, S. *Transforming fear, horror and terror* – multidisciplinar reflections. Oxford: Inter-Disciplinary Press, 2014.

REFERÊNCIAS DE GAMES

Beyond: two souls. Quantic Dream. PlayStation 3, 2013.
Bloodborne. From Software. Playstation 4, 2015.
Heavy rain. Quantic Dream. PlayStation 3, 2010.
Mass effect. Bioware. Xbox 360, 2007.
The walking dead. Telltale Games. Android, iOS, Microsoft Windows, PlayStation 3, PlayStation 4, PlayStation Vita, Xbox 360, Xbox One, 2012.
Until dawn. Supermassive Games. PlayStation 4, 2015.

CAPÍTULO 4

ABORDAGEM METODOLÓGICA QUALITATIVA E PROCESSO CRIATIVO DE GAMES

No decorrer deste livro, pudemos observar algumas características nucleares do universo dos games: como eles podem se tornar plataformas midiáticas transmissoras de mensagens; como um conteúdo lúdico pode conter teor educativo; e como um game guarda uma complexa construção narrativa em sua essência. A partir desses *inputs,* propomos neste capítulo esboçar uma discussão acerca do processo criativo de alguns jogos privilegiando uma abordagem metodológica qualitativa nesse contexto.

Sem querermos esgotar a multiplicidade de abordagens metodológicas existentes para a compreensão e explicação do universo dos games, temos em vista esboçar um possível caminho que venha a contemplar os jogos como produtos culturais, socialmente situados e carregados de significados.

Acima de tudo, acreditamos na importância de abordar o assunto de metodologia e processo criativo em games, dada a escassez que esse tipo de literatura congrega. Neste capítulo, traremos um lado prático da criação de games focando em duas distintas produções do mercado brasileiro:[1] o jogo de tabuleiro *Húsz* (Lemonpie Games, 2016) e o jogo para plataforma mobile *Rock Flickz* (Sioux, 2016). Nesse trajeto, observaremos a importância do processo de iteração, *playtests* dos

---

1 Ambos os games utilizados como exemplo neste capítulo foram criados pelo autor Vicente Martin Mastrocola, que atua como game designer na cidade de São Paulo. Os autores acordaram que utilizar exemplos que estavam mais próximos do processo criativo como um todo poderia ilustrar melhor o assunto abordado nessa fase da jornada.

games e entrevistas com jogadores que testaram os protótipos das produções em questão.

Antes de abordar esses dois exemplos, vamos definir um ponto fundamental para entender o processo de criação de jogos: a ideia de iteração. Os processos criativos de games permitem o uso de um sem-número de possibilidades metodológicas; no entanto, há um processo bastante empregado nesse tipo de produto que é o *design* iterativo. Segundo Zimmerman (2003, p. 176), *design* iterativo é uma metodologia de *design* baseada em um processo cíclico de prototipar, testar, analisar e refinar um trabalho em progresso. Quando estamos tratando da criação de um game, esse processo é fundamental, visto que é necessário que indivíduos joguem uma prévia do produto para aprimorar o jogo e minimizar erros. Como veremos mais adiante, é possível notar claramente a evolução de um jogo, de seu primeiro protótipo até o produto finalizado, através da metodologia iterativa.

Para entendermos o processo criativo de ambos os games que servirão de exemplo neste capítulo, vamos entender as sessões de *playtest*, como entrevistas qualitativas, e mostrar como é possível estabelecer um roteiro para obter *feedbacks* dos *playstesters* a partir das partidas que foram experienciadas.

Começaremos esmiuçando primeiramente o processo de criação e produção do jogo de tabuleiro *Húsz*. Apesar de termos dado ênfase a jogos eletrônicos, até o presente momento no nosso livro, acreditamos que um jogo analógico pode ser um exemplo tão bom quanto para apresentarmos as ideias criativas e procedimentos metodológicos envolvidos neste processo.

Húsz: criando a experiência de um board game

Indubitavelmente, na atual cultura do entretenimento, a figura do videogame é protagonista de um mercado gigantesco e cheio de possibilidades transmidiáticas, conforme discutimos amplamente nos três primeiros capítulos. Jogos como GTA V (PlayStation 4, PlayStation 3, Xbox 360, Xbox One, Microsoft Windows, 2013) conseguem atingir cifras de 1 bilhão de dólares em vendas três dias após o lançamento.² Não faltam exemplos de sucesso e altas margens de lucros advindos desse campo.

Diante desse mercado extremamente sedutor, a primeira pergunta que pode surgir no contexto de abordar o processo criativo de um jogo analógico é: em um mundo de jogos digitais, por que dar importância aos board games como o título *Húsz*? A pergunta é complexa, mas podemos apresentar algumas boas respostas para ela, algumas advindas do livro *Eurogames*: the design, culture and play of modern european board games (WOODS, 2012).

Jogos permeiam a existência humana desde a aurora dos tempos, e um dos jogos mais antigos de que temos referência é o *Senet*, um jogo de tabuleiro encontrado em algumas relíquias arqueológicas egípcias que datam de 3500 a.C. (THOMPSON, BERBANK-GREEN, CUSWORTH, 2007, p. 12).

Um jogo analógico – seja de cartas, tabuleiro, dados etc. – permite uma leitura diferente de um game digital. Quando analisamos jogos analógicos (tabuleiros, dados e cartas), temos o manual de regras nos dando transparência do sistema por trás do game, assim, uma análise formal pode ser feita puramente observando os componentes e a construção de sentido deles durante o gameplay (LANKOSKI; BJÖRK, 2015, p. 23).

É possível utilizar a mesma abordagem com jogos digitais, porém, com a dificuldade de articular e orquestrar códigos de programação.

Jogar games analógicos amplia nosso repertório de mecânicas. Quando jogamos somente videogames, adquirimos uma série de referências para o trabalho de game design, mas quando jogamos videogames, board games, mobile games, card games, RPGs e tantos outros jogos, aumentamos exponencialmente as chances de criar uma mecânica diferenciada e uma experiência mais imersiva para nosso jogador.

O game designer Fábio Tola – que trabalhou durante muitos anos na Big Huge Games nos EUA – em entrevista sobre a indústria de games (MASTROCO-

---

2   Conforme visto na reportagem "Com US$ 1 bilhão em 3 dias, 'GTA V quebra novo recorde de faturamento". Disponível em: <http://g1.globo.com/tecnologia/games/noticia/2013/09/com-us-1-bilhao-em-3-dias-gta-v-quebra-novo-recorde-de-faturamento.html>. Acesso em: jan. 2016.

LA, 2015, p. 5) aponta que é preciso entender jogos – independentemente de plataformas – como sistemas com características próprias, onde os board games se mostram como uma fonte referencial de importância sumária para compreender mecânicas, dinâmicas e processos.

Partindo dessas reflexões, vamos listar alguns pontos fundamentais que justificam a importância de estudar o universo dos board games e como esses pontos nos ajudam a entender processos metodológicos e criativos.

1. Observar pessoas jogando board games é uma experiência social diferente de ver gente jogando *on-line*. "Ler" os sinais, dinâmicas e interações desses *players* é um ponto fundamental para entender outras facetas do público gamer.

2. *Off line* e *on-line* são fronteiras cada vez mais fluidas. Jogar board games ajuda a estruturar o pensamento criativo de jogos. Mecânicas se hibridizam todo o tempo e é daí que, potencialmente, surge uma inovação.

3. Board games com interação digital já existem desde a década de 1980, com a plataforma *Odissey*;[3] jogava-se com dados, tabuleiros e suporte de cartuchos na interface da TV. *Eye of Judgement* (PlayStation 3, 2007) mescla cartas e códigos de realidade ampliada e *Alchemists* (CGE games, 2014) é um jogo de tabuleiro que possui como suporte um aplicativo de *smartphone*. Conhecer o analógico para integrar com o digital é importantíssimo nesse processo.

4. *Tablets*, *smartphones* e jogos como *Skylanders* (PlayStation 3, Xbox 360, Wii, Wii U, 2011) também já estruturam games digitais com peças analógicas. A Skylanders inaugurou uma nova tendência, a de colecionar miniaturas que ativam personagens na interface de um videogame.

5. Estudar protótipos de jogos analógicos é essencial para a carreira de game designer. Possivelmente, muitos jogos eletrônicos vão passar por uma versão

---

3 Um post sobre o assunto pode ser lido em "Board games com interação eletrônica em 1983". Disponível em: <http://gameanalyticz.blogspot.com.br/2010/03/boardgames-com-interacao-eletronica-em.html>. Acesso em: jan. 2016.

prévia não digital. Saber como prototipar é um exercício fundamental nesse contexto.

6. O mercado de board games desponta cada vez mais no cenário lúdico. No velho mundo, os eurogames ampliam cada vez mais suas fronteiras em feiras gigantes de jogos analógicos nas cidades de Essen e Nuremberg (WOODS, 2012); nos EUA, a produção aumenta ano após ano e, em solo brasileiro, empresas como a Galápagos estão trazendo a prática do board game para um número cada vez maior de jogadores.

Por esse breve sobrevoo sobre a importância de estudar os games analógicos, podemos perceber que é fundamental, acima de tudo, sempre experimentar novas modalidades lúdicas, independentemente de plataforma.

Partindo desses pressupostos, vamos discutir o processo de criação e produção do jogo *Húsz*, para entender – durante as várias fases do processo – como o procedimento iterativo e entrevistas qualitativas auxiliam no lançamento do game.

FIGURA 4.1 + Imagem de divulgação do jogo *Húsz*. Arte: Rodrigo Cotelessa, 3D e publicação de Estevão Puggina (*Lemonpie Games*).

Húsz é um jogo que se enquadra na categoria de game abstrato. Não possui uma temática específica. É um jogo "puro" em sua essência e utiliza dados, tabuleiro e peças plásticas para compor seu gameplay. Joga-se em dois e o objetivo é marcar o maior número de pontos. A cada rodada, os *players* devem rolar três dados de vinte lados e escolher dois resultados; os resultados correspondem a vinte direções nas quais são possíveis introduzir as peças no tabuleiro. Uma vez que uma linha do tabuleiro é completada, os jogadores ganham os pontos de acordo com o número de peças que possuem nela. Na imagem anterior, na linha horizontal da parte de baixo do tabuleiro, podemos ver que um jogador com as peças pretas marcou 3 pontos e o oponente marcou 2 pontos. Uma partida acaba quando todas as linhas estão completas.[4]

No caso desse game, vemos o processo de iteração funcionando sinergicamente com entrevistas qualitativas aplicadas aos jogadores em cada final de sessão de teste. A ideia do jogo começa em uma série de rascunhos de papel e estudos aprofundados de outros jogos abstratos similares (games da coleção GIPF, damas, xadrez etc.); tais esboços são essenciais para a ideia ganhar corpo e ter um pré-protótipo mais bem estruturado. Uma vez que o pré-protótipo é criado, começam os primeiros testes da mecânica do game, normalmente um game designer apresenta esse rascunho para outros profissionais da área e realiza ajustes pontuais. Uma vez que determinadas dinâmicas e mecânicas estão alinhadas com o projeto, um protótipo com acabamento melhor é criado para testes com jogadores diversos.

O game designer alemão Reiner Knizia diz, em suas palestras, que um jogo pode surgir de um tema, uma mecânica ou um híbrido dos dois. Seguindo essa lógica, o autor de um game pode, por exemplo, imaginar um jogo com temática de piratas e, após definir o que as personagens fazem no jogo, buscar mecânicas que se adequem ao tema; ou pode imaginar uma mecânica de leilão e definir todas as variáveis primeiramente, para depois inserir uma temática, por exemplo, de

---

4 Para mais informações sobre as regras do jogo *Húsz* e outros produtos da Lemonpie Games, basta acessar a página da produtora no Facebook. Disponível em: <https://www.facebook.com/lemonpiegames>. Acesso em: jan. 2016.

vendas de obras de arte. O caso de hibridização alterna essas duas modalidades e também pode acontecer durante um processo criativo.

No caso do jogo *Húsz* uma breve entrevista qualitativa foi criada para ser aplicada com os *beta testers* do game após as partidas. Guilherme Guimarães de Almeida, gerente de pesquisa do instituto internacional GfK Customer Experiences Brazil, aponta que para conduzir uma entrevista de caráter qualitativo é necessário ter um bom *script* com objetivos claros embutidos nas questões. No caso da pesquisa de games, é importante estruturar um roteiro que ambiente o *beta tester* no universo lúdico e o conduza de maneira sutil para que ele fale de suas percepções sobre diferentes aspectos do game. A ideia aqui é entender pontos fortes e fracos para serem trabalhados nas próximas etapas de desenvolvimento do jogo. Vale frisar que o método qualitativo é uma de muitas maneiras de entender a criação de significado em uma interface lúdica. Para conduzir uma entrevista qualitativa visando analisar um game, é preciso um *script* com perguntas claras e objetivas. Cote e Raz (2014, p. 104) nos ensinam como escrever um guia de entrevista qualitativa adaptado para o universo lúdico:

1. Estabeleça um texto introdutório para abrir a entrevista e relembrar os jogadores dos objetivos da pesquisa.
2. Elabore algumas questões de "aquecimento" para criar empatia e descontrair os *beta testers*. Perguntas como "Quais são os seus três games favoritos?" e "Qual é sua lembrança mais antiga com jogos?" são bons exemplos.
3. Elabore uma lista de perguntas para coletar dados em profundidade. Esta parte é o núcleo da entrevista qualitativa. Aqui o jogador vai prover *feedbacks* sobre a interface do game, mecânica, dinâmica de jogo etc. Algumas questões utilizadas nas sessões de *beta test* do jogo *Húsz* foram: A) Fale da sua experiência com o *Húsz*; B) Em linhas gerais: o jogo funcionou ou não?; C) Você se sentiu desafiado pelo seu oponente?; D) As regras são de fácil, média ou difícil compreensão?; E) O manual está claro em suas informações?; F) Ao final da partida você sentiu vontade de jogar novamente?; G) Você se divertiu durante a partida?; H) Fique livre para fazer outros comentários sobre o game.

No caso do *Húsz,* foram conduzidas dez sessões de jogo com 26 jogadores diferentes. Os testes foram realizados no Game *Lab* da faculdade ESPM e no bar Ludus Luderia, ambos na cidade de São Paulo, durante o primeiro e segundo semestres de 2015. Sessões não oficiais com amigos também complementaram o desenvolvimento do produto. Normalmente, quando os resultados das entrevistas começam a entrar em sinergia, é possível caminhar para a parte final da produção do game.

Os *feedbacks* gerados pelos *players* vão permitindo que o game designer, ou a equipe criativa por trás do jogo, vá aprimorando a experiência do game; conforme mencionamos anteriormente, em um processo cíclico de prototipar, testar, analisar e refinar o jogo. No momento em que a mecânica está funcional, parte-se para a etapa final, que é a produção do jogo. No caso de um jogo de tabuleiro como o *Húsz*, é preciso encontrar fornecedores de peças e boas gráficas que farão a impressão da caixa e do tabuleiro. A arte do game foi elaborada por Rodrigo Cotelessa e os vídeos e modelos 3D por Estevão Puggina (criador do selo Lemonpie Games).

Uma vez que o game está produzido, é preciso divulgar e colocá-lo em lojas virtuais e físicas para venda.[5] Esta última parte é o ponto principal, quando o produto começa a ser vendido e novos jogos podem começar a ser criados.

De maneira sintética, esses são alguns procedimentos metodológicos empregados na criação de um game analógico criado com uma equipe bastante enxuta. A seguir, vamos observar um processo diferente: a criação de um jogo para plataforma *mobile*.

Rock flicz: criando a experiência de um mobile game

Em um processo de jogo eletrônico, ainda se mantém a essência iterativa e os diferentes procedimentos qualitativos que mencionamos no tópico anterior. Com a diferença que, em jogos para plataforma *mobile*, há uma complexidade de pro-

---

5 Para mais detalhes e aprofundamento sobre este assunto, recomendamos a leitura do livro *Game Design*: modelos de negócio e processos criativos – um trajeto do protótipo ao jogo produzido (Mastrocola, 2015).

gramação de códigos e processos de publicação em lojas virtuais (App Store da Apple e Play Store do Google).

Porém, antes de estudarmos o jogo *Rock flickz*, faz-se necessário uma breve reflexão sobre o mercado *mobile* brasileiro e por que esse é um mercado fértil para se apostar em iniciativas lúdicas. O Brasil possui atualmente aproximadamente 280 milhões de linhas telefônicas móveis;[6] mais linhas do que o tamanho da população. Isso se dá pelo fenômeno multichips em celulares e tantos outros fatores culturais; se o número de celulares do Brasil fosse o número de habitantes de um país, seria o sexto mais populoso do mundo.

Os celulares, *smartphones* e *tablets* se transformaram em elementos muito presentes no cotidiano. Como refletem Cavallini, Sochaczewski e Xavier (2013, p. 18), esses *devices* se transformaram em companheiros número 1 nos momentos de "microtédio". A espera no ponto de ônibus, a viagem de metrô, a fila do banco ou o tempo do aeroporto são rapidamente preenchidos com algum entretenimento desses aparatos: mensagens de Whatsapp, redes sociais digitais ou games.

Os *smartphones* e *tablets* permitiram que várias empresas do Brasil mostrassem seu potencial criativo de jogos para o mundo. Diferentemente do jogo *Húsz* que vimos anteriormente, que necessita de uma loja física para venda, quando tratamos de *mobile* vemos que a logística muda e o *download* de um determinado produto possui fronteiras muito mais fluidas.

É nesse cenário que surgiu o game de música *Rock flickz*, publicado pela Sioux Games em 2016. Originalmente, o jogo foi estruturado para ser um card game, mas a temática de música carecia de uma plataforma na qual pudessem ser explorados sons e animações. Foi quando o jogo foi apresentado pelo autor Vicente Martin para a equipe da *Sioux*. Inicialmente, o game foi chamado de *Soundtrackz*, mas esse era um nome que já vinha sendo utilizado por outros aplicativos nas lojas virtuais da Apple e do Google.

Vamos observar algumas partes do processo criativo/metodológico e aplicação de modelo de negócio na interface do game.

---

6 Dado retirado do site Teleco: <http://teleco.com.br/>. Acesso em: jan. 2016.

O primeiro passo do jogo, conforme mencionamos, foi a estruturação de um protótipo em formato de cartas. Longe de ser a versão final, esse modelo sinalizou uma ideia de mecânica que seria a de montar combinações de padrões e cores. O game possuía nessa etapa o nome provisório de *Hey, DJ!*. E teve sua ideia concebida pelo autor Vicente Martin e seu primo João Eduardo Martin. Nessa primeira fase, o objetivo maior é ajustar uma mecânica que facilmente se desdobre em outras plataformas e, acima de tudo, seja rápida e divertida.

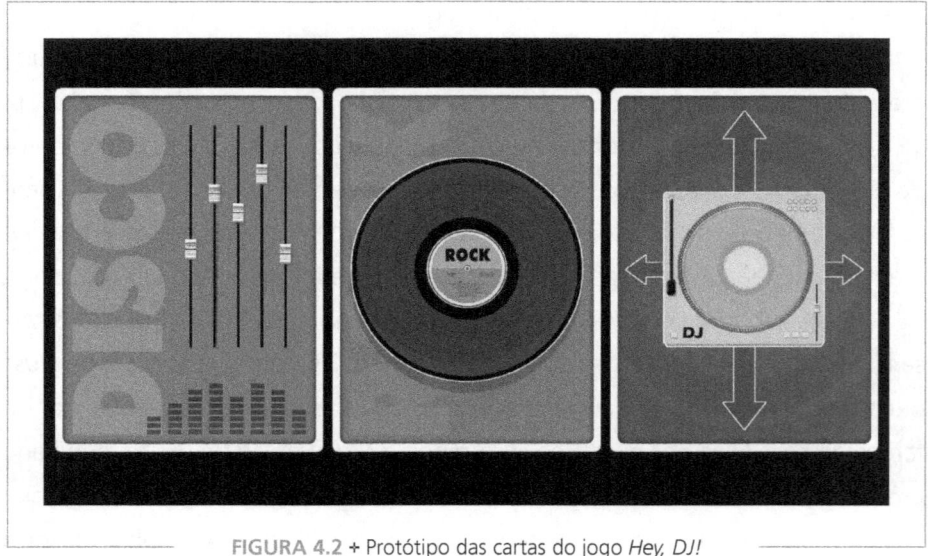

FIGURA 4.2 + Protótipo das cartas do jogo *Hey, DJ!*
Arte de Vicente Martin Mastrocola.

Fonte: Arquivo do autor.

Após algumas apresentações para empresas de jogos, rapidamente percebeu-se que o jogo *Hey, DJ!*, em seu formato de cartas, não era adequado para a temática de música. No entanto, vale frisar que nenhum protótipo deve ser descartado nesse processo. Como estamos discutindo, a ideia de iteração passa por diversas fases de aprimoramento – essa lógica cíclica é essencial nesse contexto.

O caminho óbvio para um jogo casual como esse conduziu a ideia do game para plataformas *mobile*. *Smartphones* e *tablets* são plataformas perfeitas para esse tipo de jogo. A mecânica de montagem de padrões advinda do protótipo com cartas foi a base para a estruturação da mecânica essencial do game que, nessa segunda etapa, ganhou outro nome: *Soundtrackz*. A lógica de montagem de padrões é bastante conhecida em jogos casuais e ficou bastante popular com o game *Bejeweled* (PopCap Games, 2000). Como lembra Trefay (2010, p. 79), games são, essencialmente, sistemas complexos de padrões e muito da diversão dos jogos advém de como um jogador os domina; nos *casual* games de combinação de cores/formas/elementos, vemos isso com muita clareza e, não é à toa que esse é um dos gêneros mais populares em plataformas *mobile*.

A partir do primeiro protótipo em cartas e da lógica de combinação casual de padrões, foi criada a mecânica do jogo *Soundtrackz*, que consiste em deslizar uma *pick-up* de discos e lançá-los em um *grid*. Ao combinar três ou mais cores iguais, abre-se espaço para novos discos e mais pontos. Originalmente, o *player* jogaria até não ter mais combinações possíveis. As telas a seguir mostram um pouco da interface e funcionamento do game.

O jogo foi apresentado para a empresa de games *Sioux* da cidade de São Paulo. O sócio-diretor Guilherme Camargo viu um potencial comercial para parcerias no jogo e aceitou publicar o *Soundtrackz*. Foi estabelecido que a temática

FIGURA 4.3 ✦ Telas do jogo *Soudtrackz*. Arte: Vicente Martin Mastrocola.
Fonte: Arquivo dos autores. Wireframes: <http://ikono.me>. Acesso em: jan. 2016.

FIGURA 4.4 + Telas do jogo *Rock flickz*. Arte: Siux.
Fonte: Arquivo dos autores. Wireframes: <http://ikono.me>. Acesso em: jan. 2016.

do game seria focada no ritmo de *rock* e que, mais do que uma interface de entretenimento, o jogo seria uma plataforma para novos negócios e parcerias para divulgar sites de música e promover bandas. Assim, o *Soundtrackz* transformou-se no *Rock flickz*.[7]

Do protótipo de cartas, passando pela primeira ideia *mobile* e, finalmente, chegando ao produto final, vemos claramente a ideia de iteração. O game é exaustivamente testado pela equipe da Sioux para ser entregue sem erros e com a devida carga de entretenimento que uma interface lúdica de música precisa oferecer. Com um detalhe importante: apesar de ser um game digital, ele também possui protótipo feito com peças de plástico e papel. O modelo de negócio em parceria com um site de música ajuda a alavancar a divulgação e, consequentemente, auxilia no lançamento e manutenção do jogo.

A respeito desse assunto, Guilherme Camargo da Sioux dá sua opinião: "O projeto é bem interessante, pois junta duas formas de entretenimento muito po-

---

7 A tradução para *flick* é "peteleco". Movimento que o jogador faz para arremessar os discos na interface do jogo.

pulares, mas ao mesmo tempo *underground* e rebeldes – os games e o *rock*. Ter um jogo com as músicas de sua banda é um grande atrativo e uma nova forma de comunicação para atrair novos fãs. A diversão é garantida e a curiosidade para quem busca novidade é outro trunfo."

Além do processo de constante aperfeiçoamento do game, outros dois pontos fundamentais para materializar um produto digital como o *Rock flickz* são: processos de **arquitetura de informação** e **experiência de usuário**.

Segundo Rosenfeld e Morville (2002, p. 4), arquitetura de informação é uma combinação multidisciplinar de organização e estruturação de esquemas de navegação em um sistema informacional (site, app, game etc.) que objetiva deixar intuitivo o acesso de um usuário (no caso de um jogo, um *player*). Já a ideia de experiência de usuário (ou UX) complementa a definição anterior; Vieira aponta que UX pode ser definido como "um processo de *design* multidisciplinar que visa compreender o utilizador, para que se possam criar experiências adaptadas às suas necessidades, e não se desperdice tempo e recursos em funcionalidades desnecessárias".[8]

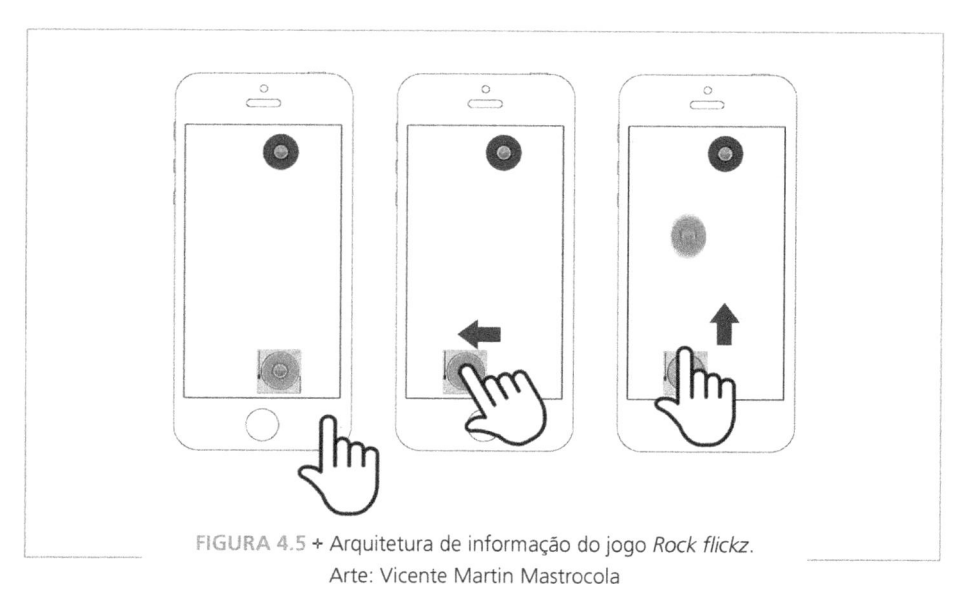

FIGURA 4.5 ✦ Arquitetura de informação do jogo *Rock flickz*.
Arte: Vicente Martin Mastrocola
Fonte: Arquivo dos autores. Wireframes: <http://ikono.me>. Acesso em: jan. 2016.

---

8   Texto retirado do blogue do autor Luis Vieira. Disponível em: <http://www.luisvieira.me/o-que-e-user-experience-design/>. Acesso em: jan. 2016.

A partir dessas ideias, são construídos esquemas de *wireframe* no qual cada tela vai sendo detalhada, e uma verificação de encadeamento do fluxo de acesso do jogador vai sendo testado e mapeado. Após as prévias em *wireframes*, são estruturados *layouts* e depois o jogo entra para a fase de teste, programação, finalização e publicação.

Vale frisar que um produto como o *Rock flicz* reflete na prática o que discutimos neste livro sobre um game ser plataforma de mídia. A temática de música permite uma enormidade de parcerias com bandas, sites de música etc. De certa forma, o game é um produto de entretenimento e possível ferramenta para novos negócios, publicidade e divulgação de conteúdo.

REFERÊNCIAS BIBLIOGRÁFICAS

CAVALLINI, R.; SOCHACZEWSKI, A.; XAVIER, L. *A primeira tela*. São Paulo: Proxxxima, 2013.

COTE, A.; RAZ, J. In-depth interviews for game research. In: LANKOSKI, P.; BJÖRK, S. (Eds.). Game *research methods*: an overview. Halifax: ETC Press, 2015. Disponível em: <http://press.etc.cmu.edu/files/Game-Research-Methods_Lankoski-Bjork-etal-web.pdf>. Acesso em: nov. 2015.

LANKOSKI, P.; BJÖRK, S. (Eds.). Game *research methods*: an overview. Halifax: ETC Press, 2015. Disponível em: <http://press.etc.cmu.edu/files/Game-Research--Methods_Lankoski-Bjork-etal-web.pdf>. Acesso em: nov. 2015.

MASTROCOLA, V. M. *Game Design*: modelos de negócio e processos criativos – um trajeto do protótipo ao jogo produzido. São Paulo: Cengage Learning, 2015.

ROSENFELD, L.; MORVILLE, P. *Information architecture for the world wide web*. Sebastopol: O'Reilly, 2002.

THOMPSON, J.; BERBANK-GREEN, B.; CUSWORTH, N. *Game Design*: principles, practice, and techniques – the ultimate guide for the aspiring game designer. New Jersey: John Wiley & Sons Inc., 2007.

TREFAY, G. *Casual game design*. Burlington: Morgan Kaufmann, 2010.

WOODS, S. *Eurogames*: the design, culture and play of modern european board games. Jefferson, NC: McFarland, 2012.

ZIMMERMAN, E. Play as research: the iterative design process. In: *Design research*: methods and perspectives. 2003, p. 176-184. Disponível em: <http://ericzimmerman.com/files/texts/Iterative_Design.htm> Acesso em: nov. 2015.

REFERÊNCIAS DE GAMES

Alchemists. CGE games. Tabuleiro, 2014.
Bejeweled. PopCap Games. *Mobile*, PC, 2000.
Eye of Judgement. SCE Japan Studio. Playstation 3, 2007.
GTA V. Rockstar Games. PlayStation 4, PlayStation 3, Xbox 360, Xbox One, Microsoft Windows, 2013.
Húsz. Lemonpie Games. Jogo de tabuleiro, 2016.
Rock Flickz. Sioux. iPhone, iPad, Android, 2016.
Skylanders. Activision. PlayStation 3, Xbox 360, Wii, Wii U, 2011.
The Quest for The Rings. Odissey. Odissey 2, 1981.

BONUS STAGE:

COMO AS CIÊNCIAS SOCIAIS PODEM CONTRIBUIR PARA ANÁLISES APLICADAS AO MERCADO

A necessidade do diálogo entre a academia e o mercado

A pesquisa de mercado é fundamental em diversas etapas do marketing. Ela pode estar presente no desenvolvimento e lançamento de produtos, serviços e negócios; nas ações de *branding* e reposicionamento de marca; nas ações de comunicação e de publicidade; no mapeamento de tendências de mercado; na identificação de gostos e de preferências dos consumidores, entre muitos outros momentos cruciais do planejamento de uma empresa. Em linhas gerais, sua importância reside em fornecer valiosos conhecimentos acerca do mercado e do público-alvo, contribuindo, assim, para a tomada de decisões estratégicas por parte dos gestores e dos profissionais de mercado.

Atualmente, as pesquisas de mercado contam com uma múltipla gama de técnicas, métodos, enfoques e aportes. A complexidade da sociedade contemporânea, bem como a acirrada competitividade, demandam abordagens cada vez mais sofisticadas para o levantamento de dados e informações sobre o mercado. Não obstante, cada vez mais vemos crescer a participação de profissionais das ciências humanas e sociais nas equipes de pesquisa de empresas, institutos e até agências de propaganda. A palavra de ordem é "interdisciplinaridade". Sua presença é mandatória para dar conta de toda complexidade de uma sociedade baseada em rede, onde os gostos e as identidades dos consumidores se transformam a cada momento.

Por outro lado, é importante assinalar que a pesquisa de mercado sempre lançou mão da contribuição dos aportes teórico-metodológicos das ciências humanas e sociais. A base da análise mercadológica encontra-se em diversas tradições sociológicas – desde as técnicas de *surveys* e das investigações de opinião pública advindas da "Escola Americana" de sociologia até as técnicas de análises discursivas provenientes de linhas qualitativas e interpretativas. Mais: os profissionais que instituíram as empresas de pesquisa de mercado e que até hoje ocupam posições estratégicas nessas empresas são formados, em boa parte, por egressos do campo das ciências sociais e humanas.

O que podemos observar no cenário atual é uma situação, em certa medida, paradoxal. A despeito da crescente demanda pela participação de pessoas formadas nas áreas de ciências humanas e sociais, no conjunto das equipes de diversas áreas estratégicas do marketing, há um movimento, que já vem de longuíssima data, de falta de diálogo entre o mercado e o campo de produção científica das ciências sociais e humanas.

Quer dizer, ao mesmo tempo que existem interfaces entre a pesquisa de mercado e o campo científico, há um vazio no que tange ao diálogo entre esses dois universos. Não há, a nosso ver, efetivamente uma "interdisciplinaridade", tomada no sentido de uma verdadeira produção de conhecimento que combine, que tencione e que articule perspectivas, conceitos e práticas de diferentes campos e, assim, produza saberes inovadores e relevantes para ambas as áreas – o mercado e a academia.

O mercado tem preconceito em relação à academia por essa, a seu ver, produzir conhecimentos estéreis e demasiado "filosóficos" para suas demandas práticas. Quando o mercado lança mão de métodos, técnicas, conceitos das ciências humanas e sociais (ou quando traz profissionais egressos desses campos), ele o faz visando tão somente uma demanda instrumental: o conhecimento gerado na academia é subsumido à prática e, assim, é utilizado sem qualquer reflexão teórica mais robusta. Isso não é um problema. Afinal, não cabe ao mercado produzir reflexão teórica. Sua vocação é fundamentalmente pragmática. Nesse sentido, a utilização instrumental das ciências sociais e humanas é perfeitamente coerente e suficiente.

O espaço de produção e reflexão teórica é justamente a academia. No entanto, na esmagadora maioria dos casos, a academia "despreza" o mercado por esse estar voltado a imperativos práticos e por buscar resultados imediatos. Assim, no campo das ciências humanas e sociais são produzidos conhecimentos autorreferentes que só circulam no âmbito acadêmico, poucas vezes atingindo o público fora de suas fronteiras.

Não temos a ousadia de desconsiderar as especificidades de cada um dos universos (mercado e academia). Reconhecemos que cada um deles respondem a lógicas de funcionamento distintas. Além do mais, reconhecemos que o trabalho teórico-acadêmico bem realizado depende da autonomia relativa que o campo científico goza em relação ao conjunto da sociedade. O que propomos é que haja uma interface mais substantiva e profunda entre mercado e academia.

Na área dos games, essa proposta parece desnecessária, uma vez que há, de fato, uma complexa interface entre o campo científico-tecnológico e o campo de produção de jogos. A produção deles demanda uma relação intrínseca com o campo da matemática, das ciências da computação, do campo do *design*, entre outros. Por outro lado, como viemos assinalando ao longo deste livro, os games são produtos simbólicos e culturais que geram experiências sociais carregadas de sentidos para seus usuários. Essa dimensão pode (e deve) ser explorada do ponto de vista das ciências humanas e sociais, contribuindo tanto para reflexões acadêmicas quanto para as demandas do mercado.

Em suma: postulamos que o cenário ideal para o fortalecimento do mercado de games e para o fortalecimento do campo acadêmico de estudos culturais estaria fundamentado num efetivo diálogo interdisciplinar, no qual profissionais da indústria de jogos pudessem buscar na academia saberes e conhecimentos relevantes que viessem a contribuir para a inovação e solução de problemas práticos; e no qual a academia poderia conhecer seu objeto na concretude empírica de suas dinâmicas de desenvolvimento, produção e comercialização.

A aplicação dos referenciais teóricos na pesquisa de games

Sem querermos oferecer uma solução pronta e definitiva, propomos apontar possíveis caminhos para esse diálogo mercado/academia. Para tanto, esboçamos um quadro analítico que sistematiza as conexões entre reflexões teóricas e problemas concernentes à pesquisa aplicada ao mercado.

No Quadro 4.1, lançamos mão dos quatro primeiros capítulos deste livro como exemplo de reflexão de cunho mais acadêmico, apontando seus caminhos teórico-analíticos e seus possíveis usos no campo do mercado de games.

Como metodologia de análise, foi usado nas quatro investigações o estudo de caso. Essa abordagem é interessante porque permite que analisemos de forma mais aprofundada cada um dos jogos. Assim, fizemos uma análise ideográfica na qual cada jogo se apresentou como modelo emblemático das propostas levantadas em cada capítulo.

Em termos mercadológicos, esses estudos de caso contribuem para iluminar algumas dimensões pertinentes para o desenvolvimento e comercialização de games.

Em contrapartida, seria interessante que se realizassem estudos que abarcassem um número maior de jogos dentro de determinadas categorias e gêneros, como um estudo sobre questões narrativas em games poderia abordar um número maior de jogos baseados em narrativa e nesse processo realizar um estudo comparativo entre os jogos. A relevância desse tipo de estudo residiria em ampliar a representatividade das análises e das questões levantadas.

Em relação ao primeiro capítulo deste livro, "Jogadores engajados e recompensas simbólicas", é importante assinalar que realizamos um estudo baseado em hipóteses acerca das interações sociais travadas no ambiente de PlayStation Network; para tanto, contamos com os conceitos de campo social e de capital simbólico desenvolvidos pelo sociólogo francês Pierre Bourdieu. Uma análise mais aprofundada sobre essas interações envolveria um estudo qualitativo de campo com os jogadores da rede, envolvendo a investigação dos sentidos que cada jogador atribui aos troféus virtuais.

A pesquisa de campo também poderia contribuir na investigação acerca dos potenciais educativos dos games. Como aprofundamento do segundo capítulo, seria interessante realizar uma pesquisa de recepção do jogo *Valliant hearts*, por parte de alunos, correlacionada a um acompanhamento de desempenho e aprendizado sobre as questões históricas abordadas no jogo.

Em linhas gerais, pesquisas de recepção e de cunho qualitativo junto ao público-alvo dos jogos de videogame são de extrema importância, pois iluminam os usos sociais que esses jogam mobilizam. Quer dizer, iluminam diversos aspectos culturais que envolvem o papel:

1. que os jogos desempenham na construção da identidade de cada jogador.
2. que os jogos podem vir a desempenhar na construção de vínculos sociais.
3. dos jogos como instrumentos de aprimoramento cultural e educativo e/ou profissional.
4. dos jogos na construção de imaginários e representações sociais.

A nosso ver, essas abordagens contribuem para o campo acadêmico compreender importantes dimensões da cultura contemporânea e, nesse caminho, trazem importantes substratos para as produtoras de games oferecerem experiências cada vez mais relevantes para os jogadores.

QUADRO 4.1 ✦ Caminhos teóricos abordados

Problema de pesquisa acadêmica	Modos de análise	Metodologia de análise	Corpus de análise	Referenciais teóricos mobilizados	Potenciais contribuições para análises mercadológicas
Analisar interações sociais no universo dos games, mediadas por recompensas simbólicas.	Análise interpretativa e hipotética das relações sociais no ambiente da PlayStation Network.	Estudo de caso	- Jogo The last of us; - PlayStation Network	- Campo dos estudos de jogos. - Teoria do campo social de Pierre Bourdieu.	Promover um pensamento orientado para estruturação de conteúdo complementar a determinados games (troféus, achievements, rankings etc.).
Analisar a presença de fatos históricos nos games, bem como defender o potencial educativo dos games.	Análise estrutural e de conteúdo do jogo Valliant hearts.	Estudo de caso	Jogo Valliant hearts	- Análise do discurso. - Teorias do discurso histórico. - Campo da comunicação/educação.	Debater como um conteúdo educacional pode ser ressignificado no universo de um game. Como um jogo pode congregar conteúdo sério de maneira lúdica, transmitindo uma mensagem.
Compreender algumas questões de narrativas em jogos de videogame.	Análise estrutural e de conteúdo do jogo Until dawn.	Estudo de caso	Jogo Until dawn	- Conceito de narrativa ergódiga. - Categorias da teoria literária atualizadas e ressignificadas para a análise dos games.	Ressaltar a importância de um repertório de livros, filmes, cultura pop e diversas outras linguagens de entretenimento para criação de um produto cultural como um game.
Observar a produção de um game analógico e um game digital.	Análise estrutural, de produção e conteúdo dos games Húsz e Rock flickz.	Estudo de caso	Jogos Húsz e Rock flickz	- Ideia de iteratividade e processo criativo com enfoque em entrevistas qualitativas e arquitetura de informação.	Enfocar os potenciais que o mercado brasileiro oferece para empresas e profissionais que desejam empreender na área dos games.

POSFÁCIO[1]

Por Gonzalo Frasca

Nos últimos 15 anos temos visto, lentamente, o desenvolvimento da indústria de videogames fora dos eixos tradicionais de países como Estados Unidos, Japão e Europa. A América Latina começa a ter alguns criadores e títulos reconhecidos internacionalmente tendo, até mesmo, algum ocasional grande *hit* comercial.

O espírito "indie" dos criadores independentes tem sido ajudado – em boa parte – por uma tempestade perfeita que facilitou o desenvolvimento de jogos em nossos países: hardware e software baratos e acessíveis, meios de distribuição digital como as *app stores*, o site Steam e – acima de tudo – informação e comunidades digitais.

A crítica e análise de videogames não teve a mesma sorte. A pouca pesquisa que se considera relevante segue concentrada principalmente em universidades da Europa e dos Estados Unidos. Estes lugares são de difícil acesso e seguem, normalmente, respondendo a estruturas muito grandes e pesadas (o paralelo com os grandes estúdios de videogame *triple A* não é casual). É certo que os blogs, algumas revistas online e o YouTube têm ajudado a popularizar a análise de videogames, mas estamos um pouco longe de ter um equivalente "indie" que nos faça entender os jogos de uma maneira rigorosa, divertida e com impacto importante tanto nas comunidades acadêmicas como nas industriais.

Este livro é um passo nessa direção; é uma tentativa legítima de ir mais além da mirada superficial sobre o videogame. O escritor uruguaio Paco Espínola dizia

---

1 Tradução de Vicente Martin Mastrocola. Respeitando o conteúdo enviado pelo autor, também publicaremos a seguir a versão em espanhol do posfácio.

que é preciso "fazer pelos homens algo a mais do que amá-los". O *fandom* é necessário para o aproveitamento cultural do videogame, mas nosso amor por eles possui limites definidos. Também é necessário compreender e atribuir a seriedade que ele ganhou como objeto cultural que é a definição de nosso século.

Espero que tenham desfrutado deste texto tanto quanto eu e tenham conseguido enxergar para além do trivial e evidente. Como sou otimista, espero também que lhes tenha inspirado a debater, construir e compartilhar suas próprias visões sobre os jogos e videogames. Jogar, criar e refletir sobre os videogames são ações complementares, elementos que convivem em um mesmo inventário e que podemos utilizar, oportunamente, neste jogo de interpretação que é conhecermos melhor a nós mesmos.

Gonzalo Frasca, PhD
Chief Design Officer, We Want To Know
Catedrático de Videojuegos, Universidad ORT Uruguay

POSFÁCIO

Por Gonzalo Frasca

En los últimos 15 años hemos visto cómo, lentamente, se ha ido desarrollando la industria del videojuego fuera de los ejes tradicionales de EEUU, Japón y Europa. América Latina comienza a tener algunos creadores y títulos reconocidos internacionalmente e incluso algún que otro hit comercial.

El espíritu "indie" de los creadores independientes ha sido ayudado en buena parte por una tormenta perfecta que facilitó el desarrollo de juegos en nuestros países: hardware y software barato y accesible, medios de distribución digital como los app stores y Steam y, por sobre todo, información y comunidades digitales.

La crítica y el análisis de videojuegos no ha tenido una suerte similar. La poca investigación que se considera relevante sigue mayormente concentrada en universidades de Europa y EEUU. Estos lugares son de difícil acceso y siguen generalmente respondiendo a estructuras muy grandes y pesadas (el paralelismo con los grandes estudios de videojuegos AAA no es casual). Es cierto que los blogs, algunas revistas online y YouTube han ayudado a popularizar el análisis de videojuegos pero todavía estamos un poco lejos de tener un equivalente "indie" que nos haga entender los juegos de una manera rigurosa, entretenida y con un impacto importante tanto en las comunidades académicas como industriales.

Este libro es un paso en esa dirección, un intento legítimo de ir más allá de la mirada superficial sobre el videojuego. El escritor uruguayo Paco Espínola decía que es preciso "hacer por los hombres algo más que amarlos". El fandom es necesario para el disfrute cultural del videojuego pero nuestro amor por ellos tiene límites definidos. Es preciso también entenderlos y asignarles la seriedad que se han ganado como el objeto cultural que está definiendo nuestro siglo.

Espero que hayan disfrutado de este texto tanto como yo y que les haya permitido ver más allá de lo trivial y evidente. Y como soy optimista espero también que les haya inspirado para debatir, construir y compartir sus propias visiones sobre los juegos y videojuegos. Jugar, crear y reflexionar sobre los videojuegos son acciones complementarias, objetos que conviven en el mismo inventario y que podremos utilizar, en su debido momento, en ese juego de rol que es conocernos mejor a nosotros mismos.

Gonzalo Frasca, PhD
Chief Design Officer, We Want To Know
Catedrático de Videojuegos, Universidad ORT Uruguay